N° 505. — Théatre : N° 270. 29 Novembre 1930.

La Petite Illustration

Revue hebdomadaire
publiant les pièces nouvelles jouées dans les théâtres de Paris, des romans inédits, des poèmes, des critiques littéraires et dramatiques, des variétés cinématographiques et des études touristiques.

Aucun numéro de La Petite Illustration *ne doit être vendu sans le numéro de* L'Illustration *portant la même date.*

ABONNEMENT ANNUEL

Consulter la page 2 de la couverture de L'Illustration.

L'Illustration et *La Petite Illustration* réunies : France et Colonies, 175 francs, pour les abonnements partant du 1er décembre ou d'une date antérieure.

200 francs pour les abonnements partant du 1er janvier 1931.

Étranger, tarifs énoncés en monnaies nationales ou usuelles et basés sur l'affranchissement variant suivant les pays destinataires.

13, rue Saint-Georges, Paris (9e)

Tante Claire. Hortense. Achille

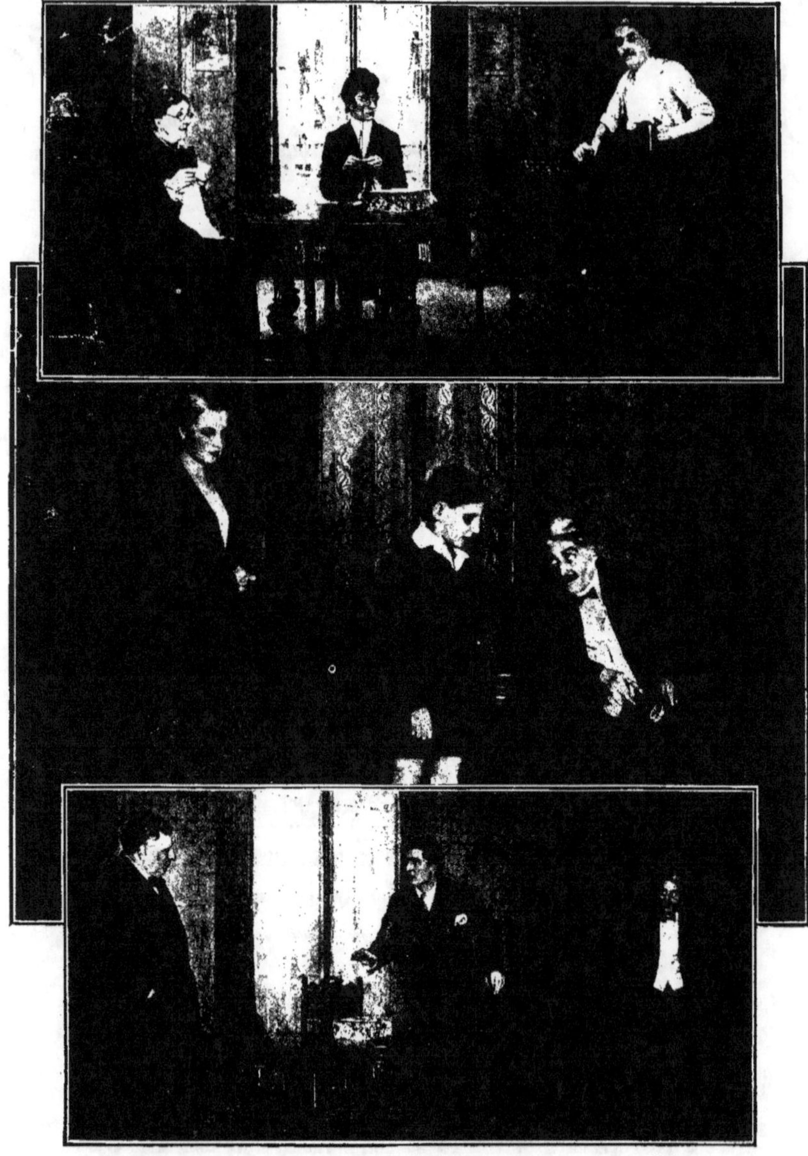

Langrevin. Marcel. Achille.

En haut, Achille : « ... *Ah ! tante Claire... j'ai quelque chose pour vous !* » — Acte II, page 12.

Au milieu, Léon : « *Je ne sais pas, moi... une demi-heure ?* » — Acte II, page 14.

En bas, Marcel : « *Je ne veux pas que tu insultes Achille.* » — Acte II, page 16.

Photographies G.-L. Manuel frères.

TRISTAN BERNARD

Langrevin père et fils

COMÉDIE EN CINQ ACTES

Langrevin père et fils *a été représenté pour la première fois, le 15 mai 1930, au théâtre des Nouveautés.*

PERSONNAGES

Langrevin père	MM. Joffre.
Marcel Langrevin	Roger Tréville.
Achille	Carette.
Tury-Bargès	Germain Champell.
Peck-Wizard	Georges Bertic.
Jean	José Sergy.
Chalumet	Numès fils.
Girbel	Max Doria.
L'Espagnol	P. Azaïs.
Naudel	Carle.
Monsieur Noulet	Bauvey.
Emile	Jalabert.
Cognard	Gorard.
Le Petit Léon	Le petit Samy.
Jacqueline	Mmes Suzet Maïs.
Cécile	Lucienne Givry.
Hortense	Suzanne Dehelly.
Tante Claire	Berthe Berty.
La Bonne	Becky Rosanes.

LANGREVIN PÈRE ET FILS

ACTE PREMIER

La scène représente un cabinet d'éditeur orné comme un salon. Une grande bibliothèque avec des ouvrages brochés, un buste, divers objets d'art. On ne trouve pas un souci d'harmonie dans l'ameublement. On sent qu'on a mis là en bonne place, au hasard de leur arrivée, des objets commémoratifs, tels que bronzes offerts par les employés.

Au lever du rideau, Emile, le valet de chambre, simplement vêtu d'un pantalon et d'une chemise, brosse le tapis avec un balai mécanique. Entre le concierge Cognard. Il est vêtu d'une grande blouse blanche et d'une casquette.

EMILE, tout en faisant marcher son balai. — Bonjour, monsieur le concierge de la librairie, qu'est-ce qui me vaut l'honneur de votre visite à 7 heures du matin ?

COGNARD. — Tu ne sais pas si on va fermer pour l'Ascension ?

EMILE. — Ah ! mon vieux, faudrait que tu demandes ça au patron. Ici j'ai de l'influence sur le balai mécanique et sur l'époussetage des cheminées, mais c'est pas à moi à commander si on ferme ou si on ferme pas la librairie. Ces petites décisions de rien du tout, je laisse ça au patron.

COGNARD. — Toutes les maisons d'édition ferment pour l'Ascension.

EMILE. — Oh ! mais M. Langrevin s'occupe pas de ce que font ou ne font pas les autres, c'est un des plus vieux dans la corporation, il en fait à sa tête.

COGNARD. — Faut pas se plaindre de lui. C'est un homme pas trop mauvais pour le personnel.

EMILE. — Oh ! pour le personnel, non, mais il a ses idées ; et puis, faut pas qu'on essaie à les lui « sanger »... Ainsi son fils, M. Marcel, il faut qu'il marche droit !

COGNARD. — Oh ! pour marcher droit, M. Marcel il marche droit... J'veux dire que je l'ai jamais vu marcher de travers... même quand il rentre à des 7 et 8 heures du matin.

EMILE. — Il n'est pas encore rentré aujourd'hui.

COGNARD. — On peut pas dire, voilà trois ou quatre jours qu'il est très régulier; jamais plus tard que 7 heures et demie.

EMILE. — J'te crois, il sait que son père se lève vers les 8 heures, et ça ferait une sacrée affaire.

COGNARD. — Ça lui est déjà arrivé ?

EMILE. — Une ou deux fois, et ça a bardé !

COGNARD. — Il est pourtant majeur, le p'tit.

EMILE. — Oh ! il a vingt-cinq ans, mais pour le pognon, comme il dépend de son papa, c'est tout juste comme s'il était mineur... Ecoute...

COGNARD. — Qu'est-ce que t'entends ?

EMILE. — Il n'est pas loin de 7 heures et demie, v'là not'jeune homme qui s'ramène...

Entre Marcel. Il est nerveux, le visage fatigué, pâle. Le col de son veston est relevé.

MARCEL. — Bonjour, Cognard !

COGNARD. — Bonjour, monsieur Marcel, j'étais venu demander si on fermait pour le jour de l'Ascension.

MARCEL. — Je ne crois pas, papa n'a encore rien décidé...

COGNARD. — Parce que si on avait fermé j'en aurais profité pour aller voir ma petite fille... qui est en pension à Luzarches.

MARCEL. — On vous dira... (Un peu pressé.) Au revoir, Cognard. (Cognard sort.) Dites, mon brave Emile, allez donc défaire mon lit. Vous remuerez légèrement le matelas, je ne me couche pas... parce que je serais pris par le sommeil... et je crois que je ne me réveillerais plus... Papa n'est pas levé ?

EMILE. — Je ne crois pas, je ne l'ai pas encore entendu.

MARCEL, allant s'asseoir à une petite table qui lui est destinée. — Dépêchez-vous, Emile, hein... Mais avant, apportez-moi donc l'appareil téléphonique sur ma table... je suis crevé ! (Emile apporte l'appareil et s'en va. Marcel, prenant le récepteur, bâille dans l'appareil.) « Allô !... Allô !... Mademoiselle... donnez-moi donc

Elysée 60-72. (*Appuyé sur son coude, il paraît s'assoupir, le récepteur à l'oreille ; puis, tout à coup, il sursaute.*) Allô ! Elysée 60-72... C'est toi, mon vieux ?... je suis tellement crevé que je m'endormais dans l'appareil... toi, tu vas te coucher... t'en as de la veine... quelle poisse, crois-tu !... Oui, c'est effrayant... Oh ! tu sais, j'ai fini, j'arrête les frais... j'arrête la partie ! (*Un temps.*) Onze mille, mon vieux... j'avais dit neuf mille cinq, mais j'ai fait le compte exact, c'est onze mille... tu comprends ! et contre ce type qui joue si mal !... c'est lui le gros gagnant, il gagne exactement ce que j'ai perdu !... (*Un temps.*) Oh ! non, non, non, je ne joue plus... si, je jouerai encore ce soir, parce que je ne veux pas m'arrêter sur une poisse comme ça... Je ne prétends pas tout rattraper mais j'en rattraperai toujours une partie... (*Un temps. Il écoute.*) Pour le règlement... Je ne m'en fais pas... On a convenu expressément, en se mettant à table, qu'on ne réglerait pas tout de suite... J'aurais aussi bien pu gagner, je n'aurais pas exigé le règlement immédiat... Tout de même, il faudra payer un jour... (*Entre M. Langrevin. Marcel change la conversation.*) Oui, je me suis levé de bonne heure ce matin... je ne pouvais plus dormir, et puis j'ai un ouvrage pressé... Eh bien, au revoir, mon vieux... »

Il raccroche le récepteur. Langrevin s'est assis à son bureau. Marcel s'est levé sans mot dire et va l'embrasser sur le front. On sent que c'est un rite habituel qu'il accomplit machinalement. Comme il se dirige vers la table-bureau, Langrevin l'arrête d'un mot.

LANGREVIN. — Je t'ai entendu dire que tu t'étais levé de bonne heure ce matin... Tu t'es levé en effet de très bonne heure, car à 4 heures tu n'étais plus dans ta chambre et ton lit n'était pas défait...

Marcel ne répond pas d'abord. Au bout d'un instant.

MARCEL. — Si on n'entrait pas dans ma chambre, on ne ferait pas de pareilles constatations.

LANGREVIN, *irrité.* — Monsieur, j'entrerai dans votre chambre quand bon me semblera, et, si cela ne vous convient pas, vous irez habiter ailleurs. Je sais ce que tu vas me répondre, tu es majeur ; je le sais... mais tant que tu seras sous mon toit, je ne veux pas que tu découches. Tu as toutes tes journées pour voir des filles, c'est un peu abusif... J'en parlais encore hier avec ta sœur et Florentin...

MARCEL, *irrité.* — Papa, je ne peux pas dire que ça me fasse plaisir de recevoir de tes observations, à toi; enfin, tu es mon père, je n'ai rien à répondre, mais je ne veux pas...

LANGREVIN, *étonné.* — Tu ne veux pas ?...

MARCEL, *d'un ton ferme.* — Je ne veux pas être sous la tutelle de ma sœur et surtout de Florentin. Je n'ai rien à faire avec ce substitut tant qu'il n'y a pas de plainte au parquet contre moi... C'est un être que je déteste profondément... d'abord parce que son caractère d'ambitieux me dégoûte...

LANGREVIN. — Je te souhaite, lorsque tu auras son âge, d'être arrivé au point où il en est !

MARCEL. — Oh! il ne pense qu'à ça : grimper! Toutes les préoccupations de la famille, c'est l'avancement de M. Tury-Bargès ! Dès qu'il a été procureur en province, vos idées ne tendaient qu'à un but : le voir devenir substitut à Paris... Maintenant qu'il est substitut au tribunal, nous n'avons qu'une idée en tête, c'est qu'il soit substitut à la Cour!

LANGREVIN, *méprisant.* — Tu n'as pas le droit de le juger... Tu n'es rien... Quand tu seras quelque chose, tu pourras donner ton avis sur les gens... Et la lettre que tu devais écrire hier ?

MARCEL. — Elle est sur ton bureau.

LANGREVIN, *après avoir ouvert un dossier placé devant lui, parcourt la lettre et fait des signes de désapprobation.* — Ce n'est pas cela que je t'avais dit d'écrire.

MARCEL, *énervé.* — Papa ! J'avais pris note exactement des phrases que tu avais prononcées... Quand j'écris exactement ce que tu dis, tu prétends que ce n'est pas bien et, quand je change, j'ai tort...

LANGREVIN. — C'est parce que tu changes mal et que tu ne te donnes aucune peine... Je vais faire écrire cette lettre par Naudel.

Il se lève et sort. Son père une fois sorti, Marcel fait un signe d'impatience. On sent qu'il s'assoupit un peu. On frappe à la porte. Il n'entend pas. On frappe encore un coup, il n'entend pas davantage ; puis la porte s'ouvre et Jean, son ami, paraît. Il arrive jusqu'à la table de Marcel qui se réveille juste à ce moment.

MARCEL. — Oh ! mon vieux... je suis crevé !

JEAN. — Je m'en aperçois !

MARCEL. — J'avais tout à l'heure mis un mot chez ta concierge... Tu l'as trouvé ? Elle était à peine réveillée, ta concierge, et je tenais absolument à te voir ici avant que tu passes à l'hôpital.

JEAN. — Je ne vais pas à l'hôpital en ce moment. Je suis en plein concours d'internat et je n'avais pas l'intention de sortir, mais j'ai pensé que tu avais quelque chose de pressant à me dire...

MARCEL. — Pressant pour moi... moins pour toi... Je voulais simplement te demander si tu pouvais me prêter deux ou trois mille francs... Tu vois que pour toi... ce n'est pas absolument pressé.

JEAN. — Mon vieux, je suis complètement fauché... J'ai payé avant-hier dix-huit cents francs à un tapissier ; c'est tout ce que j'avais... J'espérais qu'il me laisserait le payer par acomptes... ça n'a pas marché... Tu me crois bien, au moins ?

MARCEL. — Mais bien sûr, petit, que je te crois. Je te connais assez, hein... J'ai même honte de te demander des services comme ça, à toi qui n'as que tes petites ressources... Et encore, si tu savais pourquoi je te les demande !

JEAN. — C'est pour le poker ?

MARCEL. — Tais-toi... Je suis déjà très mal avec papa ; il sait que j'ai découché, il se figure que j'ai passé la nuit avec une amie... Il est déjà furieux... S'il savait que j'ai joué, qu'est-ce que ça serait !

JEAN. — Et tu perds ? Cinq mille... Six mille ?...

MARCEL. — A peu près le double !

JEAN. — Tu es fou, mon vieux !

MARCEL. — Qu'est-ce que tu veux!... Je ne suis pas joueur...

JEAN, *riant.* — Oh ! elle est bonne, celle-là !

MARCEL. — Non... je ne suis pas joueur. Le poker, pour moi, c'est une espèce de combat, de lutte, où je mets un amour-propre fou... Je veux dominer les autres, les avoir. Ici je ne suis qu'un tout petit garçon, tu comprends... Je suis absolument sous la tutelle de papa... A tel point que je me sens incapable de quoi que ce soit, même d'écrire une lettre... Je n'ose rien... quand papa est là... C'est sa faute, il ne me laisse aucune initiative... D'ailleurs, à la maison, je n'aurais jamais l'audace d'en prendre, de l'initiative... Je vis avec lui comme un vrai gosse... dans la terreur d'être grondé... Avec mes amis, quand je me trouve à une table de poker, il me semble que je suis mon maître... Je suis responsable de mes actions... Je suis un « monsieur », quoi!... Le résultat, c'est que j'ai perdu 11.000 francs cette nuit!

JEAN. — C'est chaud.

MARCEL. — Oui, c'est chaud, mais je ne suis pas seulement embêté de ma perte... je suis humilié... Ce garçon qui m'a gagné tout mon argent, j'ai de la haine pour lui... et puis c'est gênant, malgré les conventions, d'être son débiteur... Il est encore à Paris pour une quinzaine de jours, je compte en rattraper une partie. D'ailleurs, on rejouera ce soir, je me rattraperai. (Décidé.) Seulement, je ne jouerai pas longtemps... pas jusqu'à 6 heures du matin...

JEAN. — Que tu dis!

MARCEL. — Non, c'est sérieux, je ne peux pas découcher une seconde fois, puisque maintenant papa a pris la bonne habitude d'aller faire une inspection dans ma chambre... A moins que je n'accepte la proposition qu'il m'a faite d'aller habiter ailleurs... Je vivrais moins confortablement, mais je serais plus libre... (Sans grande fermeté.) Je vais voir quelle subvention il est disposé à me donner pour me loger! (On frappe à la porte.) Qu'est-ce que c'est?

Entrent Cécile et Tury-Bargès.

CÉCILE. — C'est nous.

MARCEL. — Bonjour, Cécile!

JEAN. — Bonjour, madame!

CÉCILE, tendant la main. — Bonjour, Marcel! Bonjour, Jean!

MARCEL. — Bonjour, Florentin!

JEAN. — Bonjour, monsieur le substitut!

CÉCILE. — Nous sommes partis de bonne heure le matin, parce que nous allons jusqu'à La Chesnaye.

TURY-BARGÈS. — Nous venons demander à votre père s'il n'a rien à dire au jardinier. Je vais voir un peu si tout s'arrange bien là-bas...

CÉCILE, à Marcel. — Nous te reverrons tout à l'heure. Tu sais que nous venons déjeuner. Tu seras là?

MARCEL. — Oui, papa m'a dit...

CÉCILE. — Mon beau-frère Girbel sera des nôtres.

MARCEL. — Ah! oui, notre concurrent...

TURY-BARGÈS. — Ce n'est pas un concurrent qui vous veut bien du mal.

CÉCILE. — Non, parce qu'il vient justement s'entendre avec papa pour une affaire avantageuse... Il s'agit d'une édition illustrée pour quelques ouvrages qui sont la propriété de papa.

TURY-BARGÈS. — Ma chère amie, si nous voulons aller à La Chesnaye, vous savez qu'il y a trois quarts d'heure d'auto... Nous sommes en retard...

CÉCILE. — Papa est là?

MARCEL. — Il était tout à l'heure ici... Je pense qu'il doit être dans les bureaux... Mais il a dû laisser une lettre pour toi. La voilà sur son bureau : ce sont des instructions pour le jardinier. (A ce moment, on frappe à la porte.) Qu'est-ce que c'est? (Achille Tournoyez est entré.) Tiens, Achille! Entre donc!

Achille est un garçon d'une cinquantaine d'années, affable et sans prestige.

ACHILLE. — Bonjour, Marcel! Bonjour, Cécile!

CÉCILE. — Bonjour, Achille!

MARCEL. — Tu connais Jean...

ACHILLE. — Ah! si je le connais... je l'ai vu tout petit comme toi...

ACHILLE, à Tury-Bargès. — Bonjour, monsieur le substitut...

TURY-BARGÈS, très froid. — Bonjour, monsieur...

CÉCILE. — Alors, nous te reverrons à déjeuner?... Dis à papa que nous sommes venus... Au revoir.

Sortent Cécile et Tury-Bargès.

MARCEL, à Achille. — Mon vieil Achille, il n'a pas l'air de t'avoir à la bonne, le substitut!

ACHILLE. — Qu'est-ce que tu veux, il est froid, c'est son caractère.

MARCEL. — Ah! je ne l'aime pas, son caractère!... (A Jean.) Et puis, ce qu'il y a d'exaspérant, c'est que, dans la famille, on me le montre toujours en exemple... On est ici d'une austérité abominable à cause de ce magistrat...

JEAN. — Les principes!

MARCEL. — Les principes! Oui... dis plutôt le souci de la situation... la crainte de voir son avenir compromis...

ACHILLE. — Il passe pourtant pour un juge indulgent...

MARCEL. — Oui... oui... il est indulgent au tribunal, parce que, depuis une vingtaine d'années, depuis l'invention des bons juges, c'est la mode d'être indulgent... Mais si, dans son entourage, on commettait quelque faute légère qui mette en péril le bon renom de la famille... il n'hésiterait pas à vous tordre la vis pour sauvegarder sa réputation. (Avec un effort pour se calmer.) Non, j'aime mieux ne pas trop parler de lui... Ça n'a jamais trop biché entre nous... Moi, je crois que je suis plutôt généreux de caractère...

ACHILLE. — Tu peux le dire...

MARCEL. — Lui, c'est un homme incapable de bonté... Ce qu'il y a de plus triste, c'est que ma sœur, qui pensait toujours comme moi, a subi son influence et, je m'en aperçois bien, elle n'a plus avec moi le même ton affectueux... Ma sœur n'est plus mon amie... elle est Mme Tury-Bargès.

ACHILLE. — Et ça a dû t'être pénible, tel que je te connais!...

MARCEL. — Un peu... mais que veux-tu! C'est avec lui qu'elle doit vivre, n'est-ce pas? Il vaut mieux qu'elle soit en conformité de caractère avec lui qu'avec moi... C'est égal, ma sœur m'a bien plaqué...

ACHILLE. — Mon petit Marcel... je t'écoute avec étonnement, je ne peux pas me faire à l'idée que tu es un grand garçon... Quand tu étais petit, tu raisonnais déjà... tu cherchais à t'instruire... tu tenais à te rendre compte de tout...

MARCEL. — C'est l'essentiel dans la vie. Il faut faire des efforts pour être le plus clairvoyant possible.

ACHILLE. — Tu te rappelles quand on sortait ensemble le dimanche?

MARCEL. — Oh! si je me souviens!...

JEAN. — Et moi aussi, je suis sorti quelquefois avec vous...

MARCEL. — On allait au Jardin des Plantes, on visitait Notre-Dame... on allait au Vélodrome...

ACHILLE. — Dans les musées, quand il pleuvait trop.

JEAN. — Plus tard, on est allés aux courses...

MARCEL. — Sur la pelouse, bien entendu. Papa, quand il l'a su, n'a pas aimé ça.

ACHILLE. — C'est curieux... tu aimais mieux sortir avec moi qu'avec les enfants de ton âge...

MARCEL. — Oui, parce que tu étais une grande personne... ou, du moins, tu en avais l'air. Je pouvais te poser des questions et, malgré tout, je n'avais aucun respect pour toi...

ACHILLE, attendri. — On s'accordait bien...

MARCEL. — C'est bien pour ça que ni toi ni moi nous n'encaissons Tury-Bargès... qui ne nous encaisse pas non plus... moi, parce qu'il a peur de mes frasques... et toi, parce que tu n'as pas de situation et que tu n'es pas riche... Ah! si tu avais cinq millions de plus, ce qui ne te ferait pas tout à fait cinq millions, je crois qu'il serait plus aimable...

ACHILLE. — Patience, patience, ça pourrait bien arriver un jour...

MARCEL. — Ce qu'il y a de bon avec Achille, c'est qu'il ne se décourage pas... Tu veux parler à papa?

ACHILLE. — Je lui demande de m'accorder cinq minutes, sans penser à autre chose... J'ai une affaire épatante, qui doit rapporter dans les huit millions qu'il n'aura qu'à se baisser pour ramasser...

MARCEL, à Jean. — Ne t'en fais pas. C'est une formule d'Achille... Si on s'était baissé chaque fois qu'il l'a dit, on aurait ramassé je ne sais combien de milliards et attrapé aussi quelques lumbagos...

ACHILLE. — Parle, parle, blague... (A Jean.) Vous croyez que c'est convenable de blaguer comme ça un homme de mon âge?... Je lui laisse faire l'enfant terrible avec moi parce que je l'ai vu haut comme ça... Je le disais encore ce matin à ma femme...

JEAN. — Vous êtes marié, monsieur Achille?

ACHILLE. — Si je suis marié! Depuis vingt-cinq ans! J'ai trois enfants et je dois dire que, sur ce point, j'ai de la chance, car ils ont beaucoup d'avenir... tous les trois...

MARCEL. — Ah! l'avenir!... c'est le coffre-fort d'Achille!

ACHILLE. — Je vais aller voir ton père... D'après ce que disait ton beau-frère, il ne devait pas en avoir pour longtemps...

MARCEL. — Va le voir et puis décide-le à faire ton affaire merveilleuse.

ACHILLE. — Je passerai te dire au revoir en partant...

MARCEL. — N'y manque pas surtout.

ACHILLE, à Jean. — Oh! je sais que Marcel est toujours content de me voir...

Sort Achille.

MARCEL. — Il va proposer à papa son affaire de huit ou dix millions... Oh! d'ici qu'il ait joint papa dans les bureaux, ce sera bien douze millions, et ça se terminera par une demande de deux cents francs qu'il s'engagera à rembourser dans deux jours. Papa lui donnera cinquante francs pour être sûr de ne pas le revoir avant un mois.

EMILE, entrant. — Monsieur Marcel, il y a là un monsieur qui voudrait vous parler.

MARCEL. — A moi personnellement?

EMILE. — Oui... oui... Monsieur, ce n'est pas pour la librairie... c'est pour vous... Voilà la carte qu'il m'a remise.

MARCEL, regardant la carte. — Ah! bien! Est-ce que mon père a l'air occupé par là-bas.

EMILE. — Oui, monsieur. Il est dans son petit bureau, à la fabrication.

MARCEL. — Très bien. (Comme à lui-même.) Quand il vérifie les comptes, il en a toujours pour pas mal de temps. (A Emile.) Faites entrer ce monsieur. (A Jean.) Sais-tu qui c'est?... C'est le type avec qui j'ai joué cette nuit et à qui je dois 11.000 francs.

JEAN. — Et il vient te les réclamer?

MARCEL. — Je ne pense pas... On a bien spécifié qu'on ne réglerait pas dans les vingt-quatre heures.

JEAN. — Qu'est-ce que c'est que ce type-là?

MARCEL. — C'est un monsieur de Barcelone, un type très bien, à ce qu'il paraît... un ami de Raoul...

JEAN. — Eh bien, je vais te laisser avec lui...

MARCEL. — Oui... ça vaut peut-être mieux... Mais que peut-il bien me vouloir? (Au moment où Jean va pour sortir, il se croise avec un monsieur. C'est un jeune homme très bien habillé, il s'exprime avec très peu d'accent. A Jean.) Au revoir, mon vieux.

Jean sort.

LE MONSIEUR, serrant la main de Marcel. — Bonjour, monsieur Langrevin. Vous n'êtes pas trop fatigué de cette nuit?

MARCEL. — Oh! si, tout de même un peu...

LE MONSIEUR. — Vous ne vous êtes pas couché?

MARCEL. — Non... et vous non plus à ce que je vois.

LE MONSIEUR. — Oh! moi, il m'arrive souvent de passer deux ou trois nuits sans dormir... J'ai beaucoup joué sur les bateaux en allant à New York ou à Rio... Nous faisions quelquefois des pokers de trente heures consécutives avec des gens que l'on connaissait plus ou moins... et il fallait avoir l'œil, je vous assure...

MARCEL. — Asseyez-vous donc, monsieur.

LE MONSIEUR, debout. — Je suis assez pressé... Je comptais rester un mois à Paris et avoir plusieurs occasions de se retrouver avec l'ami Raoul et vous, refaire des parties comme hier soir, partie fort agréable... Je ne dis pas cela parce que j'ai gagné : je m'amuse autant quand je perds que quand je gagne. Je comptais rejouer ce soir, et une dépêche me rappelle à Barcelone... Je serai forcé de partir demain et très occupé toute la soirée... Je n'oublie pas du tout ce qui a été convenu au début de la partie... Mais, à mon grand regret... cette maudite dépêche a bouleversé tous nos aimables projets... Je commence par vous dire que la question du règlement n'a aucune importance... Je reviendrai à Paris dans trois mois ou dans six mois... A ce moment, si vous n'avez pas pu me régler ce que vous me devez... Maintenant... (Il hésite.) si, sans vous gêner en aucune façon, vous pouviez me donner une partie de la somme avant mon départ, cela me serait d'une certaine utilité, car je ne vais recevoir de fonds de Barcelone que dans quatre ou cinq jours... et, pour régler mon hôtel et quelques dépenses... je pourrais bien me faire envoyer un mandat télégraphique et je le ferai tout de suite si vous me dites que vous êtes le moins du monde gêné... Ah! c'est bien un service que je vous demande et non pas le règlement d'une dette... Je me serais bien adressé à notre ami commun, Raoul, mais je le sais un peu gêné en ce moment... Sa famille lui tient la dragée haute...

MARCEL, qui a écouté en silence. — Monsieur, je vais m'organiser pour vous trouver toute la somme d'ici demain soir.

LE MONSIEUR. — Je vous répète que je ne veux pas que cela vous gêne en aucune façon...

MARCEL. — Cela ne me gêne pas, et quand cela me gênerait!... Je considère que cette somme vous est due...

LE MONSIEUR. — Mais c'est justement ce que je ne veux pas. Je ne veux pas que vous considériez cela autrement que comme un service...

MARCEL. — Vous pouvez compter sur moi, monsieur... Si vous voulez me donner un rendez-vous demain dans la journée ?... Je préfère que ce ne soit pas ici...

LE MONSIEUR. — Voulez-vous que nous déjeunions ensemble demain, je ne partirai que dans la soirée...

MARCEL. — Je ne suis pas libre ni à déjeuner ni à dîner... Si vous voulez, je passerai à votre hôtel à 4 heures ou j'enverrai quelqu'un avec la somme...

LE MONSIEUR. — Je suis très confus de vous donner ce dérangement...

MARCEL. — Vous n'avez pas à être confus...

LE MONSIEUR. — Alors, monsieur, tous mes remerciements et je compte bien vous retrouver à mon retour... Maintenant, si un voyage vous amène à Barcelone, vous avez mon adresse, je serais charmé que vous veniez passer quelques jours à la maison...

MARCEL, *sans enthousiasme.* — Avec plaisir, monsieur... (*Le Monsieur tend la main à Marcel, qui la prend avec une simple courtoisie.*) A demain, 4 heures.

LE MONSIEUR. — Bien. Alors, à demain, 4 heures, puisque c'est vous qui fixez le rendez-vous.

Il sort. Marcel, seul, va s'asseoir à sa table où il reste un moment sans mot dire.

MARCEL. — De cette affaire-là, je n'ai plus sommeil !

A ce moment entre son père avec M. Peck-Wizard.

PECK-WIZARD. — Tiens, bonjour, Marcel... Comment vas-tu ?

MARCEL. — Bonjour, monsieur Peck-Wizard.

PECK-WIZARD, *à Langrevin.* — Eh bien, Langrevin, tu es content de ton fils ? Est-ce qu'il mord bien au métier d'éditeur ?

LANGREVIN. — Euh... oui... pas trop mal... Seulement, je crois qu'il mordrait mieux au métier de fils de famille... Ce qu'il lui faudrait, ce n'est pas un papa comme le sien, ce serait un papa dans ton genre avec soixante millions de fortune.

PECK-WIZARD. — Soixante millions!... soixante millions!... Je voudrais bien avoir seulement la différence !...

LANGREVIN. — Je te taxe pour l'impôt à soixante millions et tu ne réclameras pas, parce que tu y gagnes...

MARCEL. — A propos de millions, papa, est-ce que tu as vu Achille ?

LANGREVIN. — Oui, il m'attend là-bas, à côté... Je vais me débarrasser de ce raseur... C'est toujours le même tarif, j'espère qu'il n'a pas augmenté ses prix... (*Il sort.*)

PECK-WIZARD. — Comment vas-tu, petit ?... et comment va-t-elle ?

MARCEL. — Qui ça, elle ?

PECK-WIZARD. — Ta petite amie... que je ne connais pas... Je suppose bien que tu as une petite bonne amie ?

MARCEL. — Oui, de temps en temps, il y a des jours... Mais ce n'est pas ça qui me préoccupe.

PECK-WIZARD. — Ah ! évidemment, ce n'est pas si intéressant que des soucis d'affaires.

MARCEL. — Ecoutez, monsieur Peck-Wizard. Voulez-vous que je vous fasse une confession ?... Seulement, je vous demande de ne pas en parler à papa...

PECK-WIZARD. — Du moment que tu me demandes le secret... Ce n'est pas grave, au moins ?

MARCEL. — Ça m'embête tout de même un peu de vous dire ça...

PECK-WIZARD. — Mais, si ça t'embête, ne me le dis pas... ne me le dis pas...

MARCEL. — J'ai eu une scène avec papa tout à l'heure parce qu'il a vu que j'étais rentré tard ce matin...

PECK-WIZARD. — Mais c'est de ton âge... Ce n'est pas ça qui doit te tourmenter... Il sait ce que c'est...

MARCEL. — Non. Je dois vous dire que papa ne sait pas pourquoi je suis rentré en retard...

PECK-WIZARD. — Il doit bien s'en douter, pourtant...

MARCEL. — Oh ! non... Il ne se doute pas que j'ai passé la nuit au jeu !

Peck-Wizard a un petit fredonnement et un ricanement peu sympathique.

PECK-WIZARD. — Ah ! ah !

MARCEL. — Et j'ai perdu !

PECK-WIZARD. — Naturellement!

MARCEL. — J'ai perdu une grosse somme...

PECK-WIZARD. — Mon vieux, ça, c'est ton affaire... Je ne te demande pas combien...

MARCEL. — J'ai perdu 11.000 francs...

PECK-WIZARD. — Mon garçon, c'est un mauvais moment à passer pour ton père... La commission n'est pas agréable à faire, mais, si tu veux, je vais le lui dire...

MARCEL. — Oh! non, à aucun prix!... à aucun prix!... Je ne veux pas qu'il le sache... Mon père a déjà trop mauvaise opinion de moi.

PECK-WIZARD. — Alors, demande la somme à ton beau-frère...

MARCEL. — Oh ! non... à mon beau-frère encore bien moins !

PECK-WIZARD. — Alors, mon vieux, qu'est-ce que tu veux que j'y fasse ?... Tu t'imaginais peut-être que j'allais te prêter 11.000 francs? Oh! non... Je ne ferai jamais ça... J'aime bien ta famille... Je ne veux pas rendre le mauvais service à mon ami Langrevin d'encourager son fils dans ses mauvaises habitudes...

MARCEL. — Monsieur Peck-Wizard, je ne voulais pas vous demander cet argent...

PECK-WIZARD. — Je ne suis pas fâché de te renseigner, au cas où tu aurais voulu me le demander...

MARCEL. — J'aurais désiré simplement un conseil, savoir où je pourrais me procurer les fonds.

PECK-WIZARD. — Je ne connais pas de prêteurs d'argent... Je ne vis pas dans ce monde-là... Si tu veux absolument un conseil, je n'en ai qu'un à te donner : raconte tout à ton père. S'il t'attrape, ce sera tant mieux, parce que, comme ça, tu auras peut-être des chances de ne plus recommencer...

MARCEL. — Je vous remercie... Je vais tâcher de m'arranger autrement, mais vous m'avez promis de ne rien dire à papa.

PECK-WIZARD. — Tu n'as rien à craindre du moment que tu m'as demandé le secret... tu n'as rien à craindre... (*Regardant sa montre.*) Tu diras à ton père que je n'ai pas pu l'attendre... Je m'en vais... Je ne peux pas dire que je suis content de toi, je ne suis pas content...

MARCEL. — Monsieur Peck-Wizard, je vous ai demandé un conseil, je ne vous ai pas demandé un blâme...

PECK-WIZARD. — Ne prends pas mon blâme s'il ne te fait pas plaisir, mais je n'ai pas d'éloges à ta disposition...

Il sort après avoir fait de la main un signe d'adieu.

MARCEL, *seul, énervé.* — Je ne sais pas pourquoi j'ai demandé ça à cet homme... C'est trop bête de ma part... (*Entre Achille.*)

ACHILLE. — Eh bien, tu sais, ton papa, comme toujours, n'a pas daigné m'écouter... Je ne lui en veux pas, il est toujours assez bon avec moi... mais il ne m'a pas écouté... Ça me ferait plaisir davantage s'il avait un peu moins de gentillesse et un peu plus de confiance...

MARCEL, le regardant. — Ecoute, Achille... Est-ce que tu connais des prêteurs d'argent ?

ACHILLE. — Quels prêteurs d'argent ?...

MARCEL. — Pas des gens qui te prêteraient de l'argent à toi, mais des gens qui m'en prêteraient à moi...

ACHILLE. — Tu as besoin d'argent ?

MARCEL. — Mais oui, oui... Je t'expliquerai, mais réponds à ma question.

ACHILLE, réfléchissant. — Attends...

MARCEL, impatient. — Mon vieux, écoute... Ne me donne pas de faux espoirs... ne me réponds : « Attends » que si tu as vraiment quelque chose en vue...

ACHILLE. — Tu es extraordinaire... Est-ce que je te dirais : « Attends » si je n'entrevoyais pas une solution ?... Je ne suis plus un petit garçon, je suppose... Quelle est la somme qu'il te faut ?

MARCEL. — J'ai perdu 11.000 francs à payer demain et, en dehors de ça, j'ai besoin de quelques mille francs... Il me faut une vingtaine de billets...

ACHILLE. — Il te faudrait la somme tout de suite ?

MARCEL. — Mais oui, tout de suite...

ACHILLE. — Eh bien, je peux peut-être l'avoir... Je connais un individu assez arrangeant... Ça ne traînera pas comme avec d'autres... S'il accepte, il me dira « oui » tout de suite; si ça ne marche pas, il me le dira carrément...

MARCEL. — Mon petit Achille, tu vas y aller tout de suite... Est-ce que c'est loin ?

ACHILLE. — Non. A un quart d'heure d'ici.

MARCEL. — Prends un taxi, tu viendras me chercher et nous irons déjeuner ensemble...

ACHILLE. — Oui. Alors je voudrais bien prévenir chez nous... Est-ce que je ne pourrais pas téléphoner à Jacqueline, ma grande fille, dans la maison où elle est employée comme dactylo. Elle ferait la commission à sa mère en allant déjeuner et lui dirait que je ne rentre pas.

MARCEL. — En partant, tu vas passer par les expéditions et l'employé téléphonera pour toi... Vite... vite... tu prendras un taxi...

ACHILLE. — Oui... oui...

MARCEL, la main à sa poche. — As-tu assez d'argent ?

ACHILLE. — Ça va, ça va... (Avec importance.) Je changerai cinquante francs...

Il sort.

MARCEL. — Oh ! pourvu que ça réussisse ! Mais non, avec Achille, ça ne peut pas marcher...

Il fait un signe d'impatience. A ce moment entrent Naudel et Chalumet, littérateur âgé, fortement décoré mais sans morgue et plutôt désabusé.

NAUDEL. — Entrez, cher maître... Le patron va être à vous dans un instant.

CHALUMET. — Ah ! voilà le fils Langrevin... Comment va le fils Langrevin ?

MARCEL. — Bonjour, maître... Très bien, je vous remercie.

CHALUMET. — Et dire que j'ai devant moi un futur éditeur... Il n'a pas encore l'air méchant... Lorsqu'ils sont jeunes, ces petits me font penser à ces lionceaux que l'on élève, qui sont dociles, qui sont doux... tant qu'ils sont petits... et puis soudain deviennent féroces.

MARCEL. — Oh ! maître, vous ne pouvez pas dire qu'on a été féroce ici pour vous...

CHALUMET. — Non... non... Je ne peux pas dire de mal du papa Langrevin... Je n'ai pas à me plaindre de lui, bien que je l'aie maudit une trentaine de fois dans ma vie... Et puis, je vais entrer dans l'antre de Girbel...

MARCEL. — Comment, maître, vous nous quittez ? Vous allez chez Girbel ?

NAUDEL. — Mais oui... Vous ne le saviez pas ?

CHALUMET, à Naudel. — Il n'est pas au courant, le petit ?...

MARCEL, gêné de n'avoir pas été averti. — Il me semble que j'avais entendu parler de quelque chose...

CHALUMET. — Comment, vous ne savez pas que la maison Girbel m'achetait à la maison Langrevin qui me vend... oui, qui me vend... comme un jeune esclave sur le marché de Smyrne...

NAUDEL. — Mais c'est vous qui avez eu cette idée-là...

CHALUMET. — C'est moi... oui... qui ai voulu... parce que ça m'a procuré quelques deniers qui sont loin maintenant... Ah ! jeune homme, vous ne savez pas ce que c'est que ces ennuis-là !

MARCEL. — Je m'en doute un peu...

CHALUMET. — Ah ! ça me fait plaisir. Il n'a décidément pas l'air méchant, ce petit... Mais je réserve mon opinion quant à plus tard... Est-ce que vous appliquerez la formule Langrevin ou la formule Girbel ?... Je préfère la méthode de votre papa. Il vous accordait rarement ce qu'on lui demandait, mais il vous recevait toujours avec gentillesse... Il vous gardait trois quarts d'heure dans son bureau et il avait l'air bien heureux de vous voir... Tandis que M. Girbel... n'est-ce pas ? il vous concède une minute entre deux portes, avec déférence... certainement, mais une sorte de déférence glacée qui vous fait froid dans le dos. (A ce moment la porte s'ouvre et entre Girbel.) Tiens, le voilà justement... J'étais en train de dire du mal de vous... et, ce qu'il y a de curieux, c'est que c'est vrai... Je suis sûr que vous ne le croyez pas...

GIRBEL. — Bonjour, cher monsieur.

Il serre la main à Chalumet, puis à Naudel.

CHALUMET. — Vous voyez, il m'appelle cher monsieur, il ne m'appelle pas cher maître !

GIRBEL. — Si vous y tenez... cher maître...

CHALUMET. — Je n'y tiens pas... oh ! non !... je trouve ça ridicule... Ce que je ne comprends pas du tout, c'est ceci : tant que notre traité n'était pas signé, ce n'était pas la peine de m'appeler cher maître, mais, maintenant que je suis devenu votre propriété, il faut me mettre en valeur, le plus possible...

A ce moment entre Langrevin.

LANGREVIN. — Bonjour à tout le monde ! (A Chalumet.) Bonjour, cher ami.

CHALUMET. — Eh bien, vous voyez... cher ami... c'est mieux que cher maître !

GIRBEL. — Je ne me permettrais pas ce que peut se permettre M. Langrevin...

LANGREVIN. — Eh bien, monsieur Girbel, tout est préparé...

Il s'éloigne vers le fond avec Girbel.

CHALUMET, à Marcel. — Vous voyez, mon cher, les deux écoles en présence. Dans le monde des éditeurs, on trouve que votre papa retarde un peu, qu'il vit sur la lancée de sa maison... Il a peur des améliorations par une espèce de fétichisme qui l'empêche de toucher aux traditions... Enfin, moi, vous savez, je dis ce que j'entends dire.

MARCEL. — C'est peut-être juste... Mais papa n'est plus jeune et je ne crois pas que nous lui fassions jamais entendre raison...

CHALUMET. — Toute ma vie littéraire n'est qu'une longue lutte contre monsieur votre père... J'ai passé mon temps à le détester, ce qui constitue entre nous un lien indestructible...

MARCEL. — Oui... je vois...

CHALUMET. — Tandis qu'au contraire, je me suis rarement trouvé avec Girbel et je ne peux pas le sentir. Il n'est pas affable. C'est un jeune crocodile qui vous dévore d'un air de dégoût... C'est tout de même plus flatteur d'être mangé avec appétit...

LANGREVIN. — Si vous voulez, nous allons passer par là pour signer. (A Naudel.) Les pièces sont prêtes ?

NAUDEL. — Oui, monsieur Langrevin, tout est préparé...

GIRBEL. — Mon cher maître...

CHALUMET, à Marcel. — Vous voyez, je suis le jeune esclave du marché de Smyrne que l'on emmène à son nouveau maître...

Sortent Langrevin, Girbel, Naudel et Chalumet. A peine sont-ils sortis par la porte de gauche qu'Achille entre par la porte du fond à droite.

MARCEL, à Achille. — Ah ! te voilà. Tu n'as pas été long... Mais tu n'as rien trouvé, hein ?

ACHILLE, important. — Je crois que j'ai ton affaire...

MARCEL. — Oh ! écoute, si ça ne doit pas marcher, je t'en supplie, ne me donne pas d'espérance...

ACHILLE. — Il est extraordinaire, ce garçon-là !... Du moment que je te dis une chose... Je viens de le voir, je te répète que c'est « oui ».

MARCEL. — Il t'a dit « oui », mais il faut que j'aie les fonds demain !

ACHILLE. — Tu les auras demain. Qu'est-ce que tu veux que je te dise de plus ? Seulement, n'est-ce pas ? il faut que tu acceptes les conditions qu'il demande.

MARCEL. — Oh ! je paierai ce qu'il faudra.

ACHILLE. — C'est qu'il demande quelque chose d'exorbitant... Il te prêtera l'argent pour un mois... Est-ce que ça te suffira ?

MARCEL. — Mais oui. Dans un mois, j'aurai ce qu'il me faut : j'ai plusieurs idées en vue...

ACHILLE. — Il te prêtera 17.000 francs et tu lui remettras 20.000 francs de billets. Moi, je te déclare que je trouve ça abominable... et que je préférerais mille fois que tu en parles à ton père !

MARCEL. — Tu sais que c'est impossible ! Pas de paroles inutiles ; ne nous égarons pas... Il faut que je sorte de là... Ça fait 3.000 francs d'intérêt pour un mois...

ACHILLE. — C'est énorme...

MARCEL. — Oh ! je ne fais pas de calculs... Je me dis simplement que payer 3.000 francs pour sortir d'un gros ennui, ce n'est rien...

ACHILLE. — Enfin, si le taux ne t'effraye pas... moi, j'avais le devoir de te faire cette observation... Il y a encore un petit point délicat : il demande quelque chose qui, sans doute, va te déplaire...

MARCEL, inquiet. — Ah !... Qu'est-ce que c'est ?

ACHILLE. — Il voudrait que, pour les billets que tu lui donneras, tu te procures du papier à traites de ton père avec l'en-tête de la maison.

MARCEL. — Ce n'est pas une difficulté... Je peux en avoir tant que j'en veux...

ACHILLE. — Oui, oui... Mais il voudrait ça d'abord et puis encore autre chose...

MARCEL, impatienté. — Quoi donc ?

ACHILLE. — Il voudrait que les billets que tu vas lui donner, tu les signes de l'initiale de ton prénom Marcel... et de ton nom... Je vois bien son idée de derrière la tête... Ton papa s'appelle Maurice et toi tu t'appelles Marcel...

MARCEL. — Oui... oui... je vois...

ACHILLE. — Il ne te demande pas de faire un faux, puisque tu signeras d'un nom qui est le tien... d'une initiale qui est la tienne...

MARCEL. — Oui, seulement, c'est impossible !

ACHILLE. — C'est ce que j'ai pensé !

MARCEL. — Tu comprends... si je lui signe les billets *M.* Langrevin, il fera croire aux gens qu'ils ont été signés par papa...

ACHILLE. — Tu penses bien que je n'ai pas attendu ton objection pour lui faire cette remarque... Je la lui ai faite moi-même... Je ne suis tout de même pas un gamin... J'ai répondu nettement : « Mon cousin n'admettra jamais ça... » Alors, il m'a affirmé que ces billets ne seraient pas mis en circulation...

MARCEL. — Oui... C'est lui qui le dit...

ACHILLE. — Oh ! tu sais... quand il dit quelque chose, on peut se fier à lui ; c'est un prêteur, un usurier, s'il faut employer ce mot-là, mais, du moment qu'il affirme que les billets ne seront pas mis en circulation, il ne les mettra pas en circulation.

MARCEL. — Mais, alors, je ne vois pas l'intérêt qu'il a à ce que je signe de cette façon-là ?...

ACHILLE. — Est-ce que tu te figures que j'ai attendu pour lui faire cette objection ?... Tu peux être tranquille avec moi : j'ai la pratique des affaires. Je n'ai pas réussi comme j'aurais dû, parce que je n'ai pas eu de veine, mais j'ai de la pratique... Je lui ai dit : « Monsieur, je ne vois pas pourquoi vous exigez cela de mon cousin... du moment que vous ne devez pas faire circuler les billets... »

MARCEL. — Et qu'est-ce qu'il a répondu ?

ACHILLE. — Je dois te dire qu'il m'a fait une réponse qui m'a semblé assez acceptable. Il m'a dit : « Votre cousin Marcel est un jeune homme peut-être un peu dissipé... — c'est lui qui parle — je veux qu'il ait un peu la frousse d'avoir signé des billets de cette façon-là et qu'à cause de cela il fasse l'impossible pour me payer à l'échéance. »

MARCEL. — Mais c'est absolument sûr que je paierai !

ACHILLE. — C'est toi, mon ami, qui te le dis. Tu sais, un mois avant, on se fait toujours des illusions... on se dit : dès demain, je vais m'inquiéter du remboursement... et puis le temps passe... un mois arrive plus tôt qu'on le voudrait et sans qu'on s'en aperçoive...

MARCEL, souriant. — Tu as l'air de connaître ça, mon vieil Achille !...

ACHILLE. — J'ai connu ça avant que tu sois au monde...

MARCEL. — Eh bien, tu peux être tranquille... dès demain je me mettrai en campagne.

ACHILLE. — Voilà simplement ce que l'individu désire en te faisant signer ces billets. Il pense qu'il te tient et que tu auras toujours peur qu'il les fasse voir à ton père.

MARCEL. — J'ai compris. J'ai compris. Papa ne me pardonnerait jamais une chose pareille! Ce serait terrible!

ACHILLE. — Eh bien, il vaut mieux que tu aies l'idée que ce serait terrible.

MARCEL. — Alors, j'aurai les fonds sûrement demain?

ACHILLE. — Demain matin, à 10 heures.

MARCEL. — Mon petit Achille, tu viens de me sauver la vie! Tu ne peux pas te douter des affres par lesquelles j'ai passé cette nuit... Quelle nuit!... Mais qu'est-ce que je vais faire pour toi? (Signe de dénégation d'Achille.) Si, si, mon vieux, tu es tellement gentil pour moi... Je sais que tu es gêné, je te donnerai 500 francs...

ACHILLE. — Tu vas me faire le plaisir de garder ton argent... Je peux même te dire que l'individu m'a promis une commission de 300 francs... J'avais l'intention de te faire une surprise et de te les remettre, pour diminuer un peu les frais...

MARCEL. — Je te demande un peu!... Tu vas me remettre 300 francs!... Tu me feras le plaisir de les garder.

ACHILLE. — Non, non !... Je ne te les remettrai pas tout de suite, parce que, pour le moment, j'en ai besoin pour une affaire que j'ai en vue, mais dès que je serai remis à flot, c'est-à-dire quand l'affaire que j'ai en vue se réalisera, je te les remettrai dans les vingt-quatre heures...

MARCEL. — Tu me feras le plaisir de les garder, ces 300 francs, avec quelques autres que j'ajouterai.

ACHILLE. — Sous aucun prétexte! Je ne t'empêche pas d'envoyer une boîte de bonbons à ma femme... elle n'en aura pas l'air, et ça lui fera plaisir... Elle me dira, avec un ton qu'elle prend — au fond, c'est une bonne femme, tu sais — elle me dira que tu me devais bien ça parce que je t'ai rendu service; ça ne l'empêchera pas, quand elle recevra de ses amies et que je ne serai pas là, de faire des embarras avec la boîte à bonbons et de leur dire : « Prenez donc un caramel, c'est une boîte qui nous a été envoyée par notre cousin Langrevin. » Peut-être même ne dira-t-elle pas exactement si c'est ton père ou si c'est toi...

MARCEL. — Comme pour la signature des billets...

ACHILLE, après un geste d'acquiescement. — Enfin, tu es content?

MARCEL. — Oui... Mais voilà du monde...

CÉCILE entre, suivie de Tury-Bargès. — Marcel... il faut que je t'embrasse!

MARCEL. — Qu'est-ce qu'il y a de nouveau?

TURY-BARGÈS. — Non, non, ma chère amie... C'est bon, c'est bon...

CÉCILE. — Je peux le dire, mon ami, c'est officiel ! On fonde une commission pour la revision du code pénal, avec des sénateurs, des députés.

TURY-BARGÈS. — Oui, et des professeurs de droit, des conseillers à la Cour ; le garde des Sceaux comme président... Mais on a voulu y faire entrer un élément plus jeune et on a adjoint à ces personnages de marque un membre du parquet... et ce sera moi...

MARCEL, poli. — Oh! très bien, très bien...

CÉCILE. — Je pense que tu saisis l'importance de ça...

TURY-BARGÈS. — Cela représente pour moi dix années de carrière... Quand j'aurai passé une année dans cette commission, je serai mûr pour la Cour...

CÉCILE. — Oui... avocat général à son âge... ça ne sera pas mal, hein?

TURY-BARGÈS, à Cécile. — Je tiens à ce que vous disiez à votre père que ce n'est pas seulement pour mon mérite que j'ai été choisi, mais aussi à cause de mes excellentes attaches familiales... C'est à la bonne réputation de M. Langrevin autant qu'à la mienne que je dois cet avancement.

CÉCILE. — Alors, ça se trouve très bien que nous déjeunions tous ensemble aujourd'hui pour fêter cet heureux jour.

MARCEL. — Ah! c'est que, moi, je n'étais pas prévenu... j'ignorais que vous veniez déjeuner...

CÉCILE, mutine. — Oh! non... tu vas déjeuner avec nous!

MARCEL. — Non... je ne peux pas... je ne suis pas libre, j'ai pris un engagement.

ACHILLE, à demi-voix. — Tu sais que si c'est pour moi, il ne faut pas... je te dégage...

MARCEL, ferme. — Je déjeune avec toi...

Langrevin entre à ce moment avec Girbel.

CÉCILE. — Ah! voilà papa! (A Girbel.) Bonjour, mon cher Henri !... On vous annoncera quelque chose tout à l'heure, mais on vous l'annoncera à table...

LANGREVIN. — Je veux savoir ce que c'est...

CÉCILE. — On vous l'annoncera à table...

LANGREVIN. — Alors, on va se mettre à table tout de suite... Eh bien, Marcel, on t'attend!

MARCEL. — Papa, je ne savais pas qu'il y avait du monde à déjeuner, et je me suis engagé.

LANGREVIN. — Tu vas me faire le plaisir de déjeuner ici, j'y tiens... il n'y a pas d'engagement qui tienne...

MARCEL. — Mais, papa...

Langrevin s'est éloigné.

ACHILLE, à Marcel, à demi-voix. — Non, mon vieux, déjeune avec ton papa... ça n'a aucune importance... nous déjeunerons ensemble un autre jour...

MARCEL, bas à Langrevin. — Papa, puisque Achille est ici, on ne pourrait pas l'inviter à déjeuner?

LANGREVIN, bas. — Tu es fou! (Haut.) Achille, je ne t'invite pas ; je sais que tu es un homme de famille, tu ne quitterais pas ta femme et tes enfants pour un empire...

ACHILLE. — Oui... oui... tu me connais... ça ne m'arrive jamais de dîner dehors...

LANGREVIN, à tous. — Eh bien, si vous voulez passer à table...

Il se dirige vers la salle à manger. Marcel se trouve seul à l'avant-scène avec Achille.

MARCEL. — Mon vieux, je suis navré...

ACHILLE. — T'es bête! Veux-tu te taire!... Ce sera pour un autre jour... Seulement, je voudrais bien donner un coup de téléphone à ma fille, pour dire que, décidément, je rentrerai déjeuner... Elle doit être encore à la banque...

MARCEL. — Eh bien, nous allons téléphoner...

LANGREVIN, sur le seuil. — Au revoir, Achille... Tu viens, Marcel?

MARCEL. — Oui, je viens, papa. (Langrevin sort à droite. Marcel et Achille sont seuls en scène.) Où veux-tu téléphoner?

ACHILLE. — Central 22-27.

MARCEL. — Attends, je vais demander le numéro moi-même, parce qu'elles reconnaissent ma voix et ça va plus vite. (Au téléphone.) « Allô... allô... Mademoiselle, Central 22-27... »

ACHILLE, regardant la petite pendule qui est sur le bureau.

— Il n'est pas très tard, elle sera encore là... Elle reste toujours après midi pour le courrier...

MARCEL. — « Allô... allô... » (Il passe l'appareil à Achille.) Tiens...

ACHILLE, lui prenant l'appareil des mains. — « Allô... la maison Vallot?... Est-ce que je pourrais parler à Mlle Jacqueline Tournoyez?... Ah! c'est toi qui es à l'appareil !... Bonjour, bonjour, mon petit... »

MARCEL. — Alors, écoute, tu viens me prendre demain matin?

ACHILLE. — Oui, oui. (Dans l'appareil.) « C'est ton cousin Marcel, il te fait dire bien des choses. »

MARCEL. — Oui, oui, bien des choses; à demain matin.

Il sort.

ACHILLE. — « Mon petit, je t'avais fait dire que je ne rentrerais pas déjeuner, mais je rentrerai tout de même... Oui, j'ai pu m'organiser autrement... Au revoir, mon petit. »

Il raccroche le récepteur et sort lentement.

RIDEAU

ACTE II

Un mois après le premier acte. Chez Achille, 11 heures du matin, petite salle à manger bourgeoise, très simple, toutefois un peu prétentieuse : une vieille pendule somptueuse, une armoire abondamment sculptée. Ces deux objets détonnent un peu par leur richesse.

Au lever du rideau, Hortense et Tante Claire, habillées pour sortir, sont assises à table. Tante Claire regarde Hortense qui recoud la bride d'un chapeau.

HORTENSE. — J'ai acheté ce ruban chez un soldeur de la rue d'Aboukir... Tenez, ma tante, si vous avez besoin d'étoffes pour vos meubles, c'est là que vous en trouverez, meilleur marché que partout ailleurs...

TANTE CLAIRE. — Oh! vous savez, à Epinal, il faut faire attention... Il ne faut rien d'excentrique...

HORTENSE. — Oh! vous en trouverez de tous genres... Vous savez, il y a beaucoup de choix... (A ce moment, Achille entre par la porte de droite pour traverser la scène. Il est en pantalon et en chemise et tient à la main une bouillotte d'eau chaude.) Comment, c'est là que tu en es de ta toilette ?

ACHILLE. — L'eau ne voulait pas chauffer... Ah! tante Claire... j'ai quelque chose pour vous!

Il cherche dans la poche de son pantalon, mais il est obligé de changer de main la bouillotte d'eau chaude ; comme il exécute difficilement cette opération, il pose la bouillotte sur la cheminée.

HORTENSE. — Oh! le voilà qui met cette bouillotte d'eau chaude sur le marbre de la cheminée!... (Achille prend un journal et le met sous la bouillotte.) Le journal d'aujourd'hui, maintenant! Il va le brûler!...

ACHILLE. — L'eau n'est pas assez chaude pour cela. (A Tante Claire.) J'avais quelque chose pour toi, tiens, je l'ai laissé dans le cabinet de toilette... ce sont des places... ça t'intéressera... pour aller voir un village nègre à la porte Maillot.

HORTENSE. — C'est tout ce qu'il a à nous offrir... des places pour aller voir des nègres! Quand il vient quelqu'un à Paris, comme vous, Monsieur est tout le temps en train de parler de ses relations et de ses places de théâtre... et ça se réduit à aller voir des nègres...

ACHILLE. — On dit que c'est très bien...

HORTENSE. — Tu ferais mieux maintenant de ne pas laisser refroidir ton eau chaude et de profiter qu'elle est chaude pour te laver...

ACHILLE. — Tu as raison... (Il prend la bouillotte, traverse la chambre et s'arrête.) Il y a deux cent cinquante Abyssins qui sont installés là dans des cahutes, comme dans leur pays...

Il sort.

HORTENSE. — Vous savez qu'il m'a déjà emmenée une fois voir ces nègres. Au début, il y avait quelques visiteurs, mais maintenant il n'y a plus personne... Et quand un blanc s'aventure par là, c'est lui qui devient un objet de curiosité.

TANTE CLAIRE. — C'est maintenant qu'il se lève?

HORTENSE. — Non, je ne dis pas qu'il se lève de grand matin, mais enfin à des heures régulières ; mais jusqu'au moment où il est habillé et lavé, il faut toujours compter plus de deux heures, et avec ça il a toujours l'air négligé...

TANTE CLAIRE. — Il a toujours été comme ça, étant petit...

HORTENSE. — Il n'a pas changé... Je ne l'ai pas connu étant petit, mais je le connais depuis notre mariage, c'est-à-dire depuis vingt-deux ans... et ça me suffit.

TANTE CLAIRE. — Vingt-deux ans!

HORTENSE. — Vingt-deux ! Edmond a dépassé vingt ans, Jacqueline a dix-neuf ans et notre petit Léon a douze ans.

TANTE CLAIRE. — Et Achille n'a toujours pas de situation fixe...

HORTENSE. — Ne m'en parlez pas ! Ni fixe, ni autrement! Il va à la Bourse. Toutes les semaines, une magnifique affaire en train, et, au bout du compte, on ne voit rien venir.

TANTE CLAIRE. — Il a toujours manqué d'un peu d'esprit de suite...

HORTENSE. — Et avec ça pas de réussite!...

TANTE CLAIRE. — Vous devez être très gênés...

HORTENSE. — Oh! ma tante, ne m'en parlez pas... Je n'ose pas penser à nos dettes... Nous avons pour vivre les loyers de nos deux petits immeubles de Nancy...

TANTE CLAIRE. — Ça se loue bien...

HORTENSE. — En ce moment, ils sont loués, à part l'écurie qui reste vide depuis trois ans. Une très belle écurie qui peut tenir dix chevaux. Seulement elle n'est pas assez haute pour un garage... Achille avait dans l'idée une magnifique combinaison... pour creuser le sol et pour faire une pente en maçonnerie, mais je préfère qu'il ne s'en occupe pas.

TANTE CLAIRE. — Vos enfants doivent vous coûter de plus en plus cher...

HORTENSE. — Vous pensez... notre Edmond prépare l'Ecole centrale.

TANTE CLAIRE. — C'est joli...

HORTENSE. — C'est joli... s'il est reçu... Achille, naturellement, a trouvé un ami qui devait lui donner des répétitions pour rien... c'est-à-dire qu'on n'avait pas discuté la question des honoraires, et un jour il est arrivé une note... c'était aussi cher qu'avec un professeur... Il se disait élève de Centrale, je crois qu'il y était resté deux mois... Les bonnes occasions d'Achille, vous savez... c'est toujours comme ça!...

TANTE CLAIRE. — Et la petite?

HORTENSE. — La petite va dans un bureau trois fois par semaine. Et puis elle fait du dessin. Il paraît qu'elle a des dispositions... Je ne m'y connais pas... Son père, naturellement, prétend qu'elle a un talent énorme... mais il ne s'y connaît pas plus que moi...

TANTE CLAIRE. — Tout de même, je m'étonne que ce garçon de cinquante ans n'ait jamais rien pu gagner de sa vie...

HORTENSE. — Quelques petites choses de temps en temps... Mais, que voulez-vous, ma tante, il n'a jamais eu d'occupation régulière... que pendant les premières années de notre mariage. A ce moment, c'était dans une maison de panoramas, qui le prenait quatorze heures par jour... Ce n'était pas gai pour une jeune mariée... Je m'en plaignais et j'avais bien tort de me plaindre... parce que, ensuite, je l'ai eu avec moi beaucoup plus de temps que je n'aurais voulu.

TANTE CLAIRE. — Et cette affaire de panoramas n'a pas marché?

HORTENSE. — Non. La société a fait faillite avant que les panoramas soient construits. Achille, heureusement, n'était rien là-dedans qu'un petit employé. Il n'a pour lui que ça, sa réputation, et elle est inattaquable... Je ne dis pas ça devant lui parce que ça lui donnerait trop d'orgueil, mais il est considéré. Aux élections, il fait partie du comité... Oh! pas comme président, mais il s'occupe... Il surveille la distribution des professions de foi et des bulletins de vote... chez les concierges... je crois même qu'il va en porter lui-même... Quelquefois, je le taquine à lui dire : tu n'es qu'un commissionnaire. Mais il prétend que ce n'est pas vrai, parce qu'il fait ça pour rien. Alors, je réponds que ce serait peut-être mieux de faire gagner quatre francs par jour à un pauvre homme, mais il ne faut pas continuer là-dessus... A l'idée qu'il ne pourrait plus porter ses prospectus pour les élections, il lui semble que la République serait perdue...

TANTE CLAIRE. — Oh! je le reconnais bien...

HORTENSE. — Il ne changera jamais!... C'est bien ma veine...

ACHILLE, *entrant.* — Eh bien, est-ce que j'ai été longtemps? (*Il montre un petit bleu.*) Devine un peu, ma tante, qui vient me voir tout à l'heure? Le petit Langrevin.

TANTE CLAIRE. — Le petit Langrevin?

ACHILLE. — Oui, oui, le petit Langrevin, notre cousin... Eh bien, mais c'est le tien aussi, ma tante, de cousin...

TANTE CLAIRE. — Oui. (*Avec considération.*) Ah! le fils de l'éditeur... Est-ce que vous vous voyez toujours avec les Langrevin?

ACHILLE. — On n'est pas mal ensemble...

HORTENSE. — On n'est pas mal ensemble, mais on ne se voit pas... Je suis allée une fois chez M. Langrevin...

ACHILLE. — Moi, j'y vais très régulièrement...

HORTENSE. — On se doute bien un peu pourquoi tu y vas.

ACHILLE. — Je ne m'en cache pas. Il m'a rendu quelques services, j'espère bien rattraper ça un jour... Jusqu'à présent, je ne suis pas tombé exactement sur l'affaire qui lui plairait, mais un jour viendra où il trouvera une large compensation pour les services qu'il m'a rendus... En attendant, son fils vient me voir ce matin...

TANTE CLAIRE. — Il a deux enfants, n'est-ce pas?

ACHILLE. — Oui, deux enfants : Marcel, qui a vingt-cinq ans, et Cécile, qui a deux ans de plus et qui a épousé M. Tury-Bargès, le substitut, un cerveau extraordinaire... Ce n'est pas tout à fait le type d'homme dont les relations me conviennent, mais je dois reconnaître que c'est un sujet numéro un. Ce M. Tury-Bargès a une sœur qui est la femme de M. Girbel, mais tu ne connais que ça : ce jeune éditeur qui vient de fonder cette grande maison... Il nous est allié par l'oncle Robert, puisque la femme de l'oncle Robert était une petite-cousine du M. Girbel en question.

HORTENSE. — Oh! Achille se retrouve admirablement dans les parentés, il connaît ça sur le bout du doigt...

ACHILLE, *avec satisfaction.* — Sur le bout du doigt...

HORTENSE. — Oui, mais les parents dont il parle et dont il connaît si bien la parenté, il ne les voit jamais...

ACHILLE, *dignement.* — Je n'ai rien à répondre à cela... si ce n'est que Marcel va venir me voir... ce matin même.

HORTENSE. — Ah! je t'engage à en parler, c'est un honneur extraordinaire... (*A Tante Claire.*) Marcel est un garçon qui fait la fête... il joue aux cartes, enfin... je ne sais pas... Il a eu besoin d'un service, des ennuis... Il a eu recours, il y a un mois, à Achille, parce qu'il sait qu'Achille est un panier percé.

ACHILLE. — Un panier percé!

HORTENSE. — Et quand je dis un panier percé... je devrais dire un panier percé où il ne passe rien du tout... Enfin, ce jeune homme s'est dit qu'Achille devait être en relations avec des gens véreux, des usuriers, alors il lui a parlé de ses ennuis qu'il n'aurait pas osé confier à des personnes de chez lui, mais à Achille, ça ne tire pas à conséquence.

ACHILLE. — Ce petit a toujours eu beaucoup d'affection pour moi... Quand il était tout gosse, c'était toujours avec moi qu'il voulait sortir...

HORTENSE. — Oui, tu as toujours été une bonne d'enfant... Dans ta famille, tu n'es considéré d'ailleurs que par les enfants...

ACHILLE, *tendrement et ingénument.* — Je les aime...

HORTENSE. — Oh! tu vas bien avec eux...

ACHILLE. — Marcel doit venir d'un instant à l'autre... ce matin... vers 10 heures et quart. S'il vient, tu le feras attendre un peu, parce que j'ai à faire dans le quartier...

HORTENSE. — Oui, oui... tu as à faire dans le quartier... (*A Tante Claire.*) Je vous disais, tante Claire, qu'il n'a pas d'occupation régulière. J'oubliais que, depuis huit jours, c'est lui qui fait les écritures chez l'horloger du quartier.

ACHILLE. — Comment peux-tu dire que je fais des écritures? C'est un pauvre homme qui n'a pas d'instruction, alors il m'a demandé pour lui diriger son commerce de lui établir une situation, un bilan.

HORTENSE. — Dis donc à tante Claire ce que tu gagnes à faire ça...

ACHILLE. — Je ne peux vraiment pas demander d'argent à ce brave homme... S'il me payait les services que je lui rends, la somme serait trop forte ou bien ce serait trop infime... alors, je ne pourrais pas l'accepter...

HORTENSE. — Monsieur le duc de Montmorency.

ACHILLE. — Cet horloger m'a donné beaucoup plus que s'il m'avait remis de l'argent... Il m'a fait un cadeau superbe... (Il tire une montre de sa poche qu'il fait voir à Tante Claire.) Un chronomètre de tout premier ordre...

HORTENSE. — Une montre d'argent!

ACHILLE. — Une montre d'argent, mais c'est de la dernière perfection, pourvue d'un certificat numéro un de l'observatoire de Genève. Voilà ce qu'elle appelle une montre d'argent ! Vois un peu : il y a deux aiguilles pour les secondes, une qui peut marcher continuellement et qu'on appelle la dédoublante, on l'arrête pour noter le temps en secondes, en cinquièmes de seconde, ensuite on presse de nouveau, on la fait repartir ; elle rejoint l'autre et continue sa route avec elle... Avec un petit instrument comme celui-là, tu calculeras la vitesse par heure d'une auto à cent mètres près.

HORTENSE. — C'est de la première utilité pour ce monsieur, qui a besoin de se rendre compte de la vitesse de son auto...

ACHILLE. — Je n'ai pas d'auto, c'est entendu, mais il m'arrive quelquefois d'être invité... Naturellement, quand je prends un taxi, je ne m'amuse pas à mesurer la vitesse dans Paris, à cause de ces arrêts continuels...

HORTENSE. — Tiens, voilà les enfants!...

Entrent Jacqueline et Léon.

JACQUELINE. — Maman, je vais à mon atelier ; c'est aujourd'hui que notre professeur passe corriger les esquisses. La bonne ira faire ta course.

HORTENSE. — Eh bien, oui, mon enfant, va...

ACHILLE. — Je t'ai dit, ma tante, qu'elle a un admirable talent pour le dessin?

HORTENSE. — Tu n'as vraiment pas besoin de dire ça devant elle...

JACQUELINE. — Oh! maman, tu sais, ça ne me fait pas grande impression, je t'assure...

ACHILLE. — Moi, je trouve que j'ai raison de le lui dire, parce que cette petite n'a pas assez confiance en elle. C'est curieux que quand je dis quelque chose on ne veuille pas m'écouter... J'ai été à tu et à toi avec plusieurs artistes peintres, je les ai vus travailler dans leur atelier, j'entrais là comme chez moi, et je puis te certifier que cette petite a un talent hors ligne.

HORTENSE. — Tu pourrais te contenter de dire qu'elle a des dispositions.

ACHILLE. — J'ai dit un talent hors ligne...

HORTENSE. — Oh! ma tante, avec lui, vous savez, si ce n'est pas énorme, pour monsieur, ça n'existe pas. Il ne faut jamais se contenter de quelque chose de modeste. Dites donc, tante Claire, savez-vous ce que nous devrions faire? Nous devrions partir tout de suite, parce que j'ai de l'étoffe à rassortir, et j'aime bien mieux aller dans les magasins le matin que l'après-midi. Il y a moins de foule.

TANTE CLAIRE. — Mais je vous attends, ma petite. Allons mettre nos chapeaux.

ACHILLE. — Tu vas sortir, alors tu ne seras pas là si Marcel vient pendant mon absence?

HORTENSE. — Non, et la bonne a une course à faire pour moi.

ACHILLE. — Dans ces conditions, je ne peux pas m'en aller d'ici, qui veux-tu qui ouvre la porte?... Enfin, je n'irai pas chez mon horloger aujourd'hui. (S'adressant à Jacqueline et à Léon.) Les enfants lui diront en passant que j'ai un rendez-vous pressé à la maison, ce matin.

HORTENSE. — Oui, ils le lui diront.

TANTE CLAIRE. — Venez mettre nos chapeaux.

Elles sortent toutes deux.

ACHILLE, après avoir attendu un instant, s'adressant à Léon, qui range ses livres dans sa serviette, et à Jacqueline, qui prépare un carton à dessin. — Mes enfants, écoutez un peu...

LÉON. — Qu'est-ce qu'il y a, papa?

ACHILLE. — Ecoutez un petit peu ici. (Ils viennent près de lui.) Devinez combien j'ai mis de temps pour monter les cinq étages à une allure normale et sans me presser.

JACQUELINE. — Aucune idée, papa.

ACHILLE. — Et toi, Léon?

LÉON. — Je ne sais pas, moi... une demi-heure?...

ACHILLE. — Tu es fou! Pense un peu à ce que tu dis!

LÉON. — Eh ben... quat' secondes?...

ACHILLE. — Tu vas d'un extrême à l'autre. Une minute, quinze secondes, pas de cinquième, juste! Avec ce chronomètre-là, c'est à un cinquième de seconde près. Je vais procéder un de ces jours à une petite expérience que je voulais faire depuis longtemps, je n'attendais qu'un chronomètre pour cela : je lâcherai par la fenêtre une pièce de deux sous et je compterai les secondes et les cinquièmes de seconde jusqu'au moment où elle tombera dans la cour.

LÉON. — Seulement... il faudra faire ça un jour où maman ne sera pas là...

JACQUELINE. — On va s'en aller, papa, j'attends la bonne.

LÉON. — Oh! moi, je l'attends pas...

ACHILLE. — Tiens, Léon, voilà dix sous pour t'acheter des boules de gomme.

LÉON. — Garde ton argent, papa, tu n'en as pas de trop.

ACHILLE. — Mais ça, c'est mon argent de poche.

JACQUELINE. — Tu t'achèteras du tabac.

ACHILLE. — Tu sais que maman n'aime pas que je fume.

JACQUELINE. — Tu fumeras en cachette!

ACHILLE. — Tu penses, moi, un homme de quarante-huit ans, fumer en cachette! Comme ça serait digne ! Et puis, je sentirais le tabac !

JACQUELINE. — Alors, c'est Léon qui passera chez l'horloger, ou moi?... Léon, tu y passeras, parce que moi je suis un peu en retard...

LÉON. — J'y passerai en allant chez mon ami Jean.

JACQUELINE. — Va-t'en. Je vais prendre mon carton à dessin.

Elle sort à droite, deuxième plan.

LÉON. — Au revoir, papa.

ACHILLE. — Au revoir.

LÉON. — Fais-moi un peu marcher les aiguilles à secondes.

ACHILLE. — Parce que c'est toi, tu sais, faut pas trop les faire marcher.

Il fait marcher les aiguilles.

LÉON, avec conviction. — C'est épatant. Au revoir, papa.

ACHILLE. — Au revoir, mon petit.

Il fait marcher pour lui seul les aiguilles de sa montre. Il la remonte légèrement. La Bonne entre au bout d'un instant.

LA BONNE. — Monsieur, c'est M. Marcel Langrevin.

Elle sort.

ACHILLE. — Marcel? Ah! bon, bon! Eh bien, vite, faites-le entrer!... *(Allant à la porte par où est sortie Hortense.)* Hortense, c'est Marcel!... Tante Claire, venez un peu voir Marcel... *(A Jacqueline.)* Ne t'en va pas sans venir dire bonjour à ton cousin!

Marcel entre le premier. Hortense et Tante Claire entrent par une autre porte.

MARCEL. — Bonjour, mon cher Achille. Bonjour, mesdames.

ACHILLE. — Je suis sûr qu'il ne reconnaît pas tante Claire! Enfin, je dis tante Claire, ce n'est pas ta tante, à toi, mais tu peux toujours l'appeler ta tante, il y a assez longtemps qu'elle te connaît. N'est-ce pas, ma tante, que tu l'as vu tout petit?

TANTE CLAIRE. — Oui, oui, je me souviens.

HORTENSE. — Nous sommes obligées de sortir, vous nous excusez, monsieur Marcel!

ACHILLE. — Monsieur? Tu ne vas pas l'appeler monsieur, maintenant! Tu peux, ma foi, lui dire Marcel. *(A Marcel.)* N'est-ce pas qu'elle peut t'appeler Marcel tout court?

MARCEL. — Mais certainement, mais certainement!

HORTENSE. — Oh! je vois trop rarement Monsieur pour l'appeler Marcel.

ACHILLE. — Je te dis de l'appeler Marcel. C'est ton cousin. Tu sais, tante Claire, ce garçon que tu vois là, c'est un sujet numéro un. Il est agrégé...

MARCEL. — Non, je suis licencié.

ACHILLE. — Mais oui, mais oui, c'est ce que je voulais dire... licencié ès lettres... tu peux être tranquille, je sais la différence qu'il y a entre ces deux grades. Je connaissais les grades universitaires avant que tu sois au monde. Eh! parbleu, l'agrégation est un examen et la licence est un concours...

MARCEL. — C'est le contraire...

ACHILLE. — C'est ce que je voulais dire.

HORTENSE. — Si nous ne voulons pas rentrer trop tard pour déjeuner, nous sommes obligées de vous dire au revoir. Au revoir, monsieur.

ACHILLE. — Très bien, vous pouvez vous en aller, nous avons à causer; à tout à l'heure!

MARCEL. — Au plaisir, mesdames!

Au moment où elles sortent, Jacqueline entre avec son carton à dessin.

ACHILLE. — Tiens, voilà ton autre petite cousine Jacqueline. *(A Jacqueline.)* Viens dire bonjour à ton cousin.

JACQUELINE. — Bonjour, monsieur.

MARCEL. — Bonjour, mademoiselle.

ACHILLE. — Monsieur! Mademoiselle! On dirait qu'ils arrivent chacun de l'autre bout du monde.

MARCEL. — Vous faites du dessin, mademoiselle?

JACQUELINE. — Oui, monsieur.

MARCEL. — Et vous aimez ça?

ACHILLE. — Si elle aime ça, c'est sa vie!

JACQUELINE. — Mais non, ne croyez pas mon père. Je ne dis pas que ça ne m'amuse pas de dessiner, mais quand je ne dessine pas, ça ne me manque pas. Le jour où j'ai montré à mon père deux ou trois dessins que j'avais faits, il a poussé de tels cris...

ACHILLE. — De véritable admiration!

JACQUELINE. — Que je me suis figurée naïvement que j'avais des dispositions.

ACHILLE. — Je t'ai dit qu'elle avait un talent hors ligne...

JACQUELINE. — Oh! si tu dis ça, papa, je me fâche... Au revoir, monsieur! Au revoir, papa.

Elle sort.

MARCEL, *à Achille.* — Eh bien, mon vieux, tu y as été?

ACHILLE. — Oui, j'y ai été, mais ça ne va pas comme nous voulons.

MARCEL. — Mais enfin, tu l'as vu?

ACHILLE. — C'est-à-dire que j'ai vu sa femme, qui est au courant de ton affaire... Elle m'a promis qu'elle lui en parlerait...

MARCEL. — Mais pourquoi ne l'as-tu pas vu lui-même?

ACHILLE. — Mais, mon vieux, parce qu'il n'y était pas. Il est parti depuis deux ou trois jours dans l'Oise et il devait revenir hier soir. J'ai vu sa femme et j'ai bien insisté!

MARCEL. — Mais c'était hier que les billets venaient à échéance! C'est regrettable que tu ne l'aies pas vu!

ACHILLE. — J'ai tout expliqué à sa femme.

MARCEL. — Tu lui as dit, n'est-ce pas, que je n'étais pas une mauvaise créance? et que ça constituait même une bonne affaire pour lui... puisqu'il a déjà obtenu trois mille francs d'intérêts pour un mois... je sais que je ne les lui ai pas payés, mais je les lui dois... S'il avait pu me faire un renouvellement aux mêmes conditions, je lui aurais souscrit vingt-trois mille francs de billets pour les vingt mille de créance...

ACHILLE. — J'ai dit tout ce qu'il fallait dire... Il me semble que tu peux avoir confiance en moi! Seulement, l'ennuyeux pour nous, c'est qu'il n'a pas l'air disposé à refaire une affaire pareille...

MARCEL. — Mais enfin c'est tout de même son métier... d'usurier?

ACHILLE. — Il n'a pas que ce métier-là, et puis, malheureusement, ce n'est plus son métier...

MARCEL. — Pourquoi ça?

ACHILLE. — Je ne sais pas au juste ce qui lui est arrivé... tu sais, je crois qu'il a été nommé conseiller municipal dans son pays, dans l'Oise. Alors, depuis ce moment, il ne veut plus faire d'affaires à un taux anormal.

MARCEL. — Je ne demande pas mieux que de faire des affaires au taux normal.

ACHILLE. — Oui, mais alors, il trouve que ce n'est plus assez avantageux.

MARCEL. — Tout ça est affolant! Et qui nous dit qu'il n'a pas averti papa?

ACHILLE, *sans conviction.* — Non, il n'aurait pas fait ça sans me prévenir...

MARCEL. — Tu n'en es pas sûr!

ACHILLE. — Je ne le crois pas.

MARCEL, *énervé.* — Tu ne le crois pas!

ACHILLE, *s'animant.* — Mais non, je ne le crois pas!... sans cela tu me verrais aussi embêté que toi... Tu sais qu'il a voulu qu'on fasse les billets à mon nom, je les ai endossés... et, par conséquent, mon nom est sur les traites. Et si ton père reçoit ces traites chez lui, il doit être furieux contre moi... *(A ce moment, on frappe à la porte.)* Qu'est-ce que c'est?

LA BONNE, *entrant.* — Monsieur, c'est moi qui reviens d'une course pour Madame... Alors j'ai vu un monsieur, en bas, chez le concierge, qui demandait après vous; je l'ai bien entendu, mais comme je ne savais pas si vous étiez là, je n'ai rien voulu dire...

MARCEL. — C'est peut-être notre individu!...

ACHILLE. — Comment était-il? Un monsieur avec une barbiche noire?

LA BONNE. — Oh! non, monsieur, c'est un homme âgé... grisonnant.

MARCEL, à Achille. — C'est mon père! L'individu lui a envoyé les traites!

ACHILLE. — Et il vient chez moi... Faut-il que je sois sorti? (A la Bonne.) Attendez!

MARCEL. — Oh! écoute, il faut en finir... (A la Bonne.) Si ce monsieur sonne, vous le ferez entrer.

La Bonne sort.

ACHILLE. — Qu'est-ce qu'il va me dire?

MARCEL. — Il ne te dira rien... Tu vas me laisser avec lui.

ACHILLE, hésitant. — Non... je ne peux tout de même pas...

MARCEL. — Laisse-moi avec lui, je te dis.

ACHILLE, mollement. — Tu préfères?...

MARCEL, comprenant qu'il aime mieux s'en aller. — Oui, je préfère...

ACHILLE, dégagé. — Eh bien, je te laisse... (On sonne. Un peu nerveux, il va jusqu'à la porte de gauche, en marchant assez vite. Sur le pas de la porte.) Mais je reste à ta disposition.

Il sort.

MARCEL, seul. — J'aime autant recevoir le choc tout de suite...

Entre Langrevin.

LANGREVIN. — Ah! tu es là, toi? Ça ne m'étonne pas, d'ailleurs!... Eh bien, tu en fais de belles, mon garçon!...

MARCEL. — Papa...

LANGREVIN. — Si je pouvais m'attendre à une chose pareille... vingt mille francs de billets sur du papier de la maison... On laisse le papier à traites à la disposition de son fils... Ça s'appelle de l'abus de confiance, mon ami...

MARCEL. — Papa... le papier n'était pas dans ton coffre-fort... N'importe quel employé pouvait le prendre sur la table du caissier...

LANGREVIN. — Parce que je pensais n'avoir chez moi que des honnêtes gens...

MARCEL, sursautant. — Oh! papa, ne dis pas ça! Ne dis pas ça!

LANGREVIN. — Je puis tout te dire, tu entends? Quand on a fait ça, on est capable de tout... Pour quelle drôlesse t'es-tu procuré cet argent?

MARCEL. — Papa, je t'en supplie, ne me parle pas ainsi

LANGREVIN. — Pour quelle drôlesse as-tu volé cet argent?

MARCEL, s'emportant. — Tu vas tout savoir!

LANGREVIN. — Eh bien, j'aime mieux ça!

MARCEL. — C'est de l'argent que j'ai perdu... que j'ai perdu au jeu... En une nuit, j'ai perdu 11.000 francs au poker.

LANGREVIN, atterré. — Ah! c'est bien! Ah! c'est bien! (Avec une ironie douloureuse.) Voilà mon fils! Qu'est-ce que j'ai fait à Dieu pour avoir un fils pareil?

MARCEL. — Tu ne le verras plus longtemps, ton fils...

LANGREVIN. — Tu me menaces, maintenant? Monsieur me menace? Parle! Parle! De quoi me menaces-tu?

MARCEL. — Je quitte la maison! Je te quitte! Je vous quitte tous...

LANGREVIN. — Tu vas commencer par t'en revenir avec moi... Une fois chez moi, c'est moi qui déciderai comment je dois te punir.

MARCEL. — Ah! non, je n'irai pas chez toi!

LANGREVIN. — C'est ce que nous verrons... Mais, auparavant, j'ai un compte à régler avec quelqu'un... Où est cette crapule d'Achille?

MARCEL, suppliant. — Papa, Achille n'est pour rien là-dedans...

LANGREVIN. — Achille n'est pour rien là-dedans? Malheureusement pour tes mensonges, j'ai entre les mains les traites où il y a son nom et son adresse... Je veux lui dire son fait à cette canaille-là !...

MARCEL. — Ecoute, papa... je t'en supplie! Je t'ai dit que je m'en irais, et je parlais sérieusement! Je t'obéirai et je rentrerai à la maison si tu ne dis rien à Achille... C'est moi qui l'ai supplié de faire l'affaire, mais il est innocent de tout ça!...

LANGREVIN, appelant. — Achille!

MARCEL, suppliant. — Papa, écoute une dernière fois... Il ne faut pas que tu parles à ce pauvre garçon...

LANGREVIN. — Achille! (Entre Achille. Un moment de silence.) Je ne te croyais pas capable de ça, tout de même!

MARCEL, doucement. — Papa, je te dis qu'Achille n'a rien à se reprocher... C'est moi qui suis venu le trouver...

LANGREVIN. — Veux-tu me faire le plaisir de te taire?

MARCEL. — Je ne veux pas que tu accuses Achille.

LANGREVIN. — Tais-toi ! (Regardant Achille.) Un homme pour qui je n'ai eu que des bontés!

MARCEL. — Oh! papa!

ACHILLE. — Je n'ai jamais songé à être un ingrat. Je sais tout ce que tu m'as donné, j'en ai le compte exact... et le moment viendra bientôt...

LANGREVIN. — Tu me fais rire... Tu veux me rembourser! Ah! bien, tu me fais bien rire! (Violemment.) Tu n'as jamais été qu'un propre à rien et tu ne seras jamais qu'un propre à rien!

MARCEL. — Papa, je t'en supplie!

LANGREVIN. — ...Mais je n'imaginais tout de même pas que tu entraînerais mon fils... Et combien as-tu gagné?

ACHILLE. — Oh! Maurice!

MARCEL. — Papa, tu me tortures! Tu insultes Achille, que je ne peux défendre contre toi...

LANGREVIN. — Eh bien, si cela t'est trop pénible, va-t'en !

MARCEL, s'emportant. — Je ne veux pas que tu insultes Achille...

LANGREVIN, plus fort. — Va-t'en! (Un temps.) Attends-moi en bas! Nous réglerons notre compte ensemble...

MARCEL, d'une voix forte. — Non... je ne veux plus rentrer à la maison... (Il serre la main d'Achille.) Au revoir, mon vieux, du fond du cœur, je te demande pardon... (A Langrevin.) Adieu!

LANGREVIN. — Bonsoir! Tu sauras bien retrouver le chemin de la maison quand tu voudras dîner!

MARCEL. — Je préfère crever de faim!

Il sort.

ACHILLE. — Maurice, je ne t'en veux pas de tout ce que tu m'as dit... Tu verras que tu t'es trompé sur mon compte, mais, je t'en prie, ne laisse pas le petit s'en aller... Il est exalté, tu sais, il ne se connaît plus...

LANGREVIN. — Fais-moi le plaisir de te mêler de ce qui te regarde... Nous aurons une autre question à régler, j'ai des billets sur moi, je verrai ce que j'ai à faire... Je retrouverai l'usurier qui a fait ce joli trafic et il aura de mes nouvelles... Tant pis pour toi si tu es compromis là-dedans!

ACHILLE. — Une injustice de plus ou de moins...

LANGREVIN. — Pauvre martyr! Ah! tu profites bien de la situation! Tu spécules sur ce fait que je ne veux pas de scandale à cause de mon gendre, mais, tu sais, ne t'y fie pas trop!...

Langrevin va pour sortir.

ACHILLE. — Maurice!

LANGREVIN. — Que je ne te revoie plus! C'est ce qui pourrait t'arriver de mieux!...

Il sort.

ACHILLE, *seul*. — C'est un monsieur qui a réussi... Le jour où je réussirai, je lui parlerai à mon tour...

Entre Hortense.

HORTENSE. — Est-ce que ce n'est pas M. Langrevin que je viens de rencontrer sur le palier?

ACHILLE, *négligemment*. — Oui, oui...

HORTENSE. — Il m'a à peine fait bonjour de la tête.

ACHILLE. — Il ne t'a peut-être pas reconnue. Et tu n'as pas besoin de faire attention au bonjour de cet individu-là... Tu vaux mieux dans ton petit doigt que lui dans toute sa personne...

HORTENSE. — Qu'est-ce que vous avez eu ensemble?

ACHILLE. — Rien, rien! Ce sont ses théories que je n'admets pas...

HORTENSE. — Il vient te voir pour discuter des théories?

ACHILLE. — Non, c'est à propos d'une petite affaire qui ne le regarde même pas...

HORTENSE. — C'est encore bien malin dans ta position de trouver le moyen de te mettre mal avec des gens comme M. Langrevin... Quelle bêtise as-tu encore faite?

ACHILLE. — C'est entendu, je ne fais que des bêtises. Je t'expliquerai ça un jour...

HORTENSE. — Pourquoi pas tout de suite?

ACHILLE. — Ce n'est pas une affaire à moi, c'est un secret qui ne m'appartient pas.

HORTENSE, *impatientée*. — Oh! garde-le! (*Elle va vers sa chambre et s'arrête.*) Il y a là quelqu'un pour toi.

ACHILLE. — Et tu ne le dis pas!

HORTENSE. — Oui, c'est quelqu'un de très important : c'est ton horloger!

ACHILLE. — M. Noulet!... Tu fais attendre ce pauvre homme! (*Il va à la porte.*) Entrez donc, monsieur Noulet...

Hortense sort en haussant les épaules.

NOULET. — Bonjour, monsieur Tournoyez! Oh! je vous demande pardon de vous déranger...

ACHILLE. — Ça ne fait rien, aujourd'hui j'ai moins à faire que d'habitude.

NOULET. — C'est une lettre à mon proprio pour le congé de ma boutique... Je ne peux pas en sortir...

ACHILLE, *important*. — Montrez ça... (*Il lit des yeux.*) Oh! non... Oh! non, vous ne pouvez pas lui écrire ça. Je vais vous en faire une autre.

NOULET, *le regardant avec admiration*. — Monsieur Tournoyez, vous êtes épatant... Je le disais à ma femme : M. Tournoyez sait tout... Et nous disions que si le bon Dieu était juste, vous devriez être riche à millions.

ACHILLE. — Oh! ça finit toujours par venir, ces choses-là! Asseyez-vous là, monsieur Noulet. Je vais vous dicter votre lettre... (*Dictant.*) « Monsieur, j'ai bien reçu votre honorée... » Non! « Je suis en possession de votre honorée ...»

Entre Marcel.

MARCEL. — Je craignais de retrouver mon père ici... Mon vieil Achille, je viens t'embrasser. Je pars ce soir pour l'Espagne, pour Barcelone. Quand, le mois dernier, j'ai été porter ces 11.000 francs à cet Espagnol qui me les avait gagnés, il m'a dit qu'il avait de grandes affaires là-bas et m'a conseillé d'aller le voir...

ACHILLE, *à mi-voix*. — Mon petit, mon petit, tu vas rentrer chez ton père.

MARCEL, *décidé*. — Non, non, non! C'est cassé!

ACHILLE, *de même*. — Tu t'es fâché de ce qu'il me disait? Mais ça n'a aucune importance! Il disait ça dans la colère!

MARCEL. — Rien n'excuse des paroles comme celles-là!

ACHILLE, *de même*. — Je ne veux pas que tu te fâches avec ton père à cause de moi...

MARCEL. — Je te dis que ce n'est pas à cause de toi. C'est à ton propos, mais ça devait éclater... Il y a un abîme entre moi et ma famille... je ne veux pas reprendre ma vie auprès d'eux...

ACHILLE, *de même*. — Je t'assure qu'après ton départ il était déjà plus gentil...

MARCEL, *le regardant*. — Je sais pourquoi tu me dis ça. Ce n'est pas vrai. Et ça serait vrai que ça ne changerait rien à mes résolutions... Je vais partir avec quelques centaines de francs qui me restent... Je pars pour Barcelone... voir ce monsieur ou un autre... Je saurai bien me débrouiller... (*Il embrasse Achille.*) Au revoir, mon vieux!

ACHILLE. — Attends que je te présente... (*Montrant l'horloger.*) Monsieur Noulet; mon cousin, Marcel Langrevin...

MARCEL, *s'inclinant*. — Monsieur... (*Il serre la main d'Achille.*) Au revoir, mon vieux!...

Il sort.

ACHILLE, *à Noulet*. — Mon cousin Marcel Langrevin est le fils du grand éditeur...

ACTE III

La scène se passe à Paris, huit à dix mois après le deuxième acte. Un bureau très simple, meublé avec goût. Une porte en pan coupé, à droite, donnant sur l'antichambre. Une autre porte, premier plan à droite, conduit aux appartements privés. Une porte à gauche donnant sur un petit cabinet. Dans un coin de la pièce, une petite table avec une machine à écrire.

Au lever du rideau, Marcel est debout. Jean, assis à côté du bureau, et Jacqueline, debout, près de la machine à écrire.

MARCEL, à Jacqueline. — Eh bien, vous voyez, ma petite Jacqueline, vous pourrez rester ici en temps ordinaire à taper ce que je vous dicterai. Puis, lorsque vous aurez un travail spécial à exécuter, qu'il y aura du monde avec moi, vous n'aurez qu'à aller dans ce petit cabinet-là, où j'ai fait mettre une autre machine. Nous serons mieux qu'à Barcelone, ici...

JACQUELINE. — Ah! oui, tout de même!

MARCEL, à Jean. — Tu sais qu'elle était venue à Barcelone, il y a quatre mois, accompagnée de son père; c'est là qu'elle s'est perfectionnée dans la sténographie, c'est mon auxiliaire la plus précieuse.

JACQUELINE. — Oh! Marcel, comment pouvez-vous dire ça!

MARCEL. — Si, je dis ça! (A Jean.) Je lui indique une lettre en trois mots, je n'ai même pas besoin de la lui dicter : elle l'écrit toujours conforme à mes idées. Je puis dire qu'elle m'économise beaucoup de temps. Alors, Jacqueline, si vous voulez aller par là, vous y taperez ce que je vous ai dicté hier.

JACQUELINE. — Le rapport sur Santa Felicia?

MARCEL. — Oui, oui, celui sur la mine principale. Quant à l'autre, n'est-ce pas...

JACQUELINE. — Oui, je sais qu'il n'est pas encore au point.

MARCEL. — Eh bien, allez, ma petite.

Sort Jacqueline.

JEAN. — Alors, tu es de retour à Paris depuis huit jours?

MARCEL. — Oui, et j'ai été très déçu de ne pas t'y trouver...

JEAN. — J'étais dans ma famille, je suis revenu hier.

MARCEL. — C'est ce qu'on m'a dit chez toi. Dis donc, je n'ai pas été longtemps à installer tout ça, hein? Il est vrai que je l'avais fait installer un peu d'avance.

JEAN. — Tu as été absent huit mois?

MARCEL. — A peu près... Nous sommes en avril, j'étais parti en octobre.

JEAN. — J'avais d'abord cru, avant de recevoir ta première lettre, que tu étais allé chercher fortune en Amérique.

MARCEL. — Non... tout bonnement à Barcelone... Le type, tu te rappelles, qui m'avait gagné 11.000 francs et qui m'avait paru si désagréable quand il me les a demandés immédiatement... Je suis allé porter cet argent à l'hôtel, j'ai trouvé un homme extrêmement gentil et qui m'a considéré comme un garçon sérieux parce que je le payais dans les vingt-quatre heures en dépit de conventions préalables... Alors, j'ai appris que c'était un monsieur très important là-bas dans son pays. Au moment où j'ai rompu avec mon père, je me suis rappelé cette histoire. Comme je ne savais pas exactement où aller, j'ai filé sur Barcelone et, au bout de quelques semaines, mon Espagnol m'a associé à des entreprises très intéressantes. Il a beaucoup de clients là-bas. Je suis d'abord resté dans son bureau pendant quelque temps, j'ai vu défiler des quantités de gens, beaucoup plus que si je m'étais déplacé moi-même.

JEAN. — Alors, tu as rapporté de l'expérience?

MARCEL. — Oui, mon vieux, de la bouteille.

JEAN. — Et quelque argent?

MARCEL. — Pas la fortune, mais enfin quelque chose tout de même... J'ai eu de la veine... c'est-à-dire que j'ai su en profiter... J'ai maintenant des fonds dans des banques, je te répète : pas la fortune, mais de quoi me retourner pendant pas mal de temps... et alors, en plus, une grosse, très grosse affaire... oui, une possibilité... je pourrais dire la certitude d'une grosse fortune... C'est pour ça que je suis revenu à Paris. Je suis venu constituer un capital d'exploitation pour une mine de plomb argentifère sur laquelle je me suis renseigné moi-même. J'ai été là-bas, près de Burgos, j'ai vérifié sur place les calculs qui m'avaient été fournis, le prix de la main-d'œuvre, le prix du transport, je te réponds que je n'ai pas perdu mon temps.

JEAN. — Et tu t'adresses à une banque pour placer tes actions?

MARCEL. — Non, non. Je préfère placer mes titres moi-même... c'est plus amusant.

JEAN, souriant. — C'est un sport...

MARCEL. — ...Très intéressant, je t'assure.

JEAN. — Mais, dis donc... je trouve que, somme toute, ton aventure est très immorale...

MARCEL. — Comment ça?

JEAN. — Oui... tu quittes ta famille parce que tu as été un garçon dissipé et que tu as perdu de l'argent au poker, et c'est l'origine de ta fortune!

MARCEL. — Tais-toi, tu n'es qu'un sophiste! L'origine de ma fortune, c'est ma libération. J'ai été libéré à la suite d'une circonstance qui a été, en effet, cette perte au poker, mais ç'aurait pu être autre chose... Mon aventure n'est pas à l'éloge des gens dissipés, elle est à l'honneur des gens d'initiative. Mais surtout elle condamne les parents timorés qui manquent de confiance dans leurs enfants, qui ne leur laissent pas assez la bride sur le cou...

JEAN. — Tu n'as pas revu tes parents?

MARCEL. — Non... je crois qu'il vaut mieux que je ne les revoie pas. Tu comprends, je ne sais pas si je suis encore assez émancipé et si, en rentrant dans ma famille, je ne vais pas perdre cette indépendance que j'ai voulu conquérir.

JEAN. — Et ils n'ont jamais su où tu étais?

MARCEL. — Jamais. Je suis resté dans le vague... J'ai eu de leurs nouvelles par Achille tant qu'il était à Paris, puis indirectement par des gens qui écrivaient à Achille, quand Achille est venu me rejoindre à Barcelone... De temps en temps, je faisais expédier à mon père, de Paris, un court billet où je lui donnais des nouvelles de ma santé, deux lignes à la machine à écrire : je disais simplement : « Marcel se porte bien. »

JEAN. — Et maintenant, tu n'as pas envie de revoir ton papa?

MARCEL. — Je ne sais pas, là, vraiment, je ne sais pas... Est-ce parce que je suis insensible... ou trop sensible?... J'ai peur de cette entrevue, j'ai peur aussi que ça se fasse bêtement... Je verrais papa, je me croirais forcé de l'embrasser tendrement. A ce moment-là, l'élan de mon cœur ne me poussera peut-être pas dans ses bras... (Après réflexion.) Et puis cela ne voudrait rien dire. Il faudrait une explication... il ne me comprendrait peut-être pas... Se rendrait-il compte qu'il s'est fait un grand changement en moi?... Non, le rapprochement se produira peut-être, mais j'ai l'impression que ce n'est pas le moment.

JEAN. — Tu ne l'as pas rencontré depuis ton retour?

MARCEL. — Pas une fois. Avant-hier, figure-toi, j'ai cru l'apercevoir sur la place de l'Etoile ; cela m'a même fichu une émotion incroyable, une émotion de gosse, des battements de cœur, la sueur aux tempes, les jambes molles... Je vais t'avouer une chose : je suis sorti très peu depuis les quelques jours que je suis ici. Je me disais à moi-même : je sors très peu parce que j'ai à travailler... Eh bien, au fond, ce n'est pas tout à fait vrai... Je ne sors pas parce que j'ai peur de rencontrer papa...

JEAN. — C'est pour ça que, tout à l'heure, tu faisais des façons pour venir dîner au restaurant?

MARCEL. — Oui, je ne voulais pas te l'avouer... D'ailleurs, c'est à peine si je me l'avoue à moi-même... Il y a pourtant peu de chance de rencontrer papa au restaurant, étant donné qu'il dîne tous les soirs à la maison avec ma sœur et M. Tury-Bargès.

JEAN. — Qu'est-ce qu'il devient, ce magistrat?

MARCEL. — Je ne veux pas le savoir... Il monte, il monte. Je crois qu'il va être nommé quelque chose ces temps-ci... je ne sais pas quoi... un échelon de plus... Qu'est-ce qu'il fera quand il sera arrivé en haut de l'échelle et qu'il n'y aura plus d'échelon?... Enfin, il prend son plaisir où il le trouve.

JEAN. — Enfin, je vois que tu t'es plutôt dessalé...

MARCEL. — Oui, oui, je suis un grand garçon, je peux sortir sans ma bonne...

JEAN. — Je crois qu'on a frappé.

MARCEL. — Ah! c'est Achille qui vient m'annoncer quelqu'un, tu vas revoir Achille. (A voix haute.) Entrez! Entrez!

ACHILLE, entrant. Il a sous le bras une casquette galonnée. — Ah! bonjour, Jean!

JEAN. — Bonjour, Achille!

ACHILLE, à Marcel. — C'est le propriétaire de la maison qui est là.

MARCEL. — Tu l'as prié de passer dans l'autre cabinet?

ACHILLE. — Oui, il y est...

MARCEL, à Jean. — Figure-toi qu'il me fait des difficultés parce qu'il m'a loué l'appartement pour l'occuper bourgeoisement et qu'il veut résilier mon bail... Je ne veux pas de ça, parce que je suis très bien ici!

JEAN. — Tu penses que tu t'arrangeras avec lui?

MARCEL. — Oh! ce n'est pas ça qui me préoccupe! Je sais que c'est un homme calé, je ne voudrais pas qu'il s'en aille d'ici sans avoir pris un certain nombre de mes actions... Je te laisse un instant avec Achille, mon vieux.

Il sort.

JEAN. — Fais donc! (A Achille qui est allé ranger des papiers dans le fond.) Vous travaillez donc avec Marcel?

ACHILLE. — Oui, cette casquette n'est pas à moi. Je vais vous expliquer. Marcel m'a demandé de lui donner un coup de main. J'étais allé à Barcelone conduire ma fille, je suis resté quelque temps avec lui; il a été entendu que j'aurais un emploi dans sa maison à Paris. Pour le moment, je ne lui sers pas à grand'chose... Il n'a pas de garçon de bureau. Comme il est très bon, comme il voudrait m'utiliser, il a compris qu'il fallait me faire gagner un peu ma vie avant d'avoir quelque chose de très important à me donner. Il a compris aussi que je ne pouvais pas porter une livrée. Nous avons trouvé une combinaison... Vous voyez, je pose cette casquette sur la table de l'antichambre... Quand il vient du monde, on me voit en train de me promener dans la pièce. Je n'ai pas du tout l'air d'un employé, on dirait plutôt un ami de la maison. Alors je raconte que le garçon de bureau est en course et que pour ne pas faire attendre la personne, comme j'entre justement chez mon cousin, je vais l'annoncer... N'est-ce pas, à cinquante ans... en attendant un emploi conforme à mes aptitudes, il aurait été un peu dur de mettre une casquette galonnée pour la première fois de sa vie...

Il met timidement la casquette sur sa tête.

JEAN. — Mais ce n'est pas forcément une casquette de garçon de bureau, ça vous donne un petit air militaire...

ACHILLE. — Ah! oui, elle ne va pas mal comme tour de tête... Il faut vous dire que c'est moi qui ai été l'acheter...

Il va à la glace et se regarde.

JEAN. — Elle ne vous va pas mal, vous savez! (Achille se promène d'un air nonchalant, toujours la casquette sur la tête.) Vous me faites l'effet de ces officiers étrangers que l'on voit suivre les manœuvres.

ACHILLE, se regardant dans la glace, avec sa main au-dessous de son cou pour couper l'image. — Si je me faisais faire une photo rien que du buste, ça n'aurait pas l'air d'une casquette de livrée... Si je trouve un petit photographe pas trop cher, et qui fasse bien, j'enverrai ma photo à ma femme à Nancy.

JEAN. — Mme Tournoyez est à Nancy?

ACHILLE. — Oui, elle habite un de nos immeubles.

N'est-ce pas, les affaires, depuis quelque temps, étaient un peu difficiles. Nous avons deux immeubles là-bas. Alors, ma femme est partie pour occuper un logement qui se trouvait justement vacant.

JEAN. — Et vous êtes resté à Paris?

ACHILLE. — Oui, n'est-ce pas, Paris, c'est le centre des affaires. Et puis, ma fille travaille encore avec Marcel... Ce ne serait pas encore ça, mais je tiens à ce qu'elle ne quitte pas Paris à cause du dessin.

JEAN. — Ah! votre fille, c'est cette demoiselle que j'ai vue tout à l'heure? (Achille va à la porte où est entrée Jacqueline.) Ne la dérangez pas! Je crois qu'elle est en train de travailler.

ACHILLE. — Oh! ça ne fait rien! Viens, Jacqueline! (Entre Jacqueline.) Tu as vu Monsieur, déjà?

JACQUELINE. — Oui, Marcel m'a présentée à son ami.

ACHILLE. — J'ai aussi un garçon de vingt et un ans. Il avait préparé Centrale, mais il a dû y renoncer.

JEAN. — Raisons de santé?

ACHILLE. — Non, à cause de l'examen d'entrée. Il s'est présenté deux fois, mais les points qu'il avait préparés n'étaient pas exactement ceux sur lesquels il a été interrogé... Je l'ai mis dans une maison de commerce de Nancy.

JEAN. — Et il s'en tire bien?

JACQUELINE. — Voilà...

ACHILLE. — Il n'a pas de très grandes aptitudes pour le commerce. Edmond n'est pas commerçant du tout, mais c'est un garçon bien doué. Nous n'avons pas encore su déterminer pour quoi spécialement il était doué... Vous savez, ça se déclare quelquefois très tard... Mon grand-père maternel est resté jusqu'à soixante ans sans s'imaginer qu'il avait une vocation de peintre. Vers soixante ans, il s'est mis à dessiner, mais, juste à ce moment-là, sa vue a baissé... Ma fille tient de lui... Elle dessine comme un ange...

JACQUELINE, qui est en train de ranger des papiers. — Papa...

ACHILLE. — Elle a un peu lâché ça pour le travail de bureau, mais elle dessine comme un ange. Aussi, je tiens absolument à ce qu'elle continue bien que les professeurs, je dois le dire, ne nous aient pas trop encouragés!

JACQUELINE. — Oui, papa est le seul à dire que j'ai des dispositions...

ACHILLE. — Les professeurs n'y connaissent rien. Je voudrais seulement que deux ou trois peintres que j'ai fréquentés, et qui sont morts, soient encore là! Je leur montrerais tes dessins, tu verrais ce qu'ils diraient.

JACQUELINE. — C'est malheureux que les peintres vivants n'aient pas le même enthousiasme!

JEAN, à Jacqueline. — Enfin, je vois que vous êtes d'un très grand secours pour mon ami Marcel.

ACHILLE. — C'est une dactylo admirable!

JACQUELINE. — Oh! papa, tu es toujours le même!

ACHILLE. — Elle fait ce qu'elle veut, cette petite! Figurez-vous que l'autre jour on m'a demandé sa main.

JACQUELINE. — A quoi bon raconter cela?

ACHILLE. — C'est à ton honneur!... Un agent voyer qui demeure dans notre maison, un joli garçon, ma foi... un peu commun... oui, un peu commun, mais enfin (Comme avec un retour sur lui-même.) la distinction naturelle est de plus en plus rare... Cet agent voyer, il aurait très bien pu l'épouser, mais elle dit qu'elle ne veut pas se marier... Pourquoi ne veux-tu pas te marier? Je crois me douter de la raison...

JACQUELINE, gênée. — Mais non, papa, tu ne t'en doutes pas...

ACHILLE. — Tu veux te consacrer à ton art... c'est pour ça, hein?

JACQUELINE, avec empressement. — Oui, papa, c'est ça, c'est ça!

ACHILLE. — Ah! je savais bien, je devine tout, moi! (A Jean.) Moi qui suis toujours et avant tout pour les choses raisonnables et qui n'ai rien d'un rêveur, je lui avais dit : « Epouse toujours cet agent voyer », mais du moment qu'elle veut se consacrer à son art...

JACQUELINE. — Papa, je vais continuer à travailler par là... Au revoir, monsieur.

Elle sort.

JEAN. — Marcel n'a pas l'air de venir. Je vais être obligé de m'en aller.

Il regarde sa montre.

ACHILLE. — Vous avez une assez belle montre...

JEAN. — Pas mauvaise...

ACHILLE. — Ça ne vaut pas mon chrono...

JEAN. — Vous avez un chrono?

ACHILLE. — Certificat numéro un de l'observatoire de Genève... J'ai été obligé de m'en séparer momentanément... Croyez-vous qu'ils ne m'ont donné que 40 francs dessus sous prétexte que la boîte était en argent! (D'un ton méprisant.) Ils n'ont pas fait attention au certificat!... Je vous dirai que je l'ai engagé tout de même parce qu'avec 40 francs il sera plus facile à dégager que si on m'en avait donné davantage, et puis il était arrêté! D'ailleurs, aussitôt que je l'aurai dégagé et que mes disponibilités se seront un peu accrues, je ferai le voyage de Genève et je le confierai à l'ouvrier qui l'a fait...

MARCEL, entrant. — Dis donc, Achille, appelle ta fille! Le propriétaire est encore là.

JEAN. — Ça va?

MARCEL. — Ça va! (A Jacqueline qui entre.) Voici une note au crayon que vous allez taper, c'est un accord avec le propriétaire. Et puis vous lui écrirez une lettre où nous lui dirons que c'est entendu pour les titres. (A Jean.) Je lui en ai placé pour soixante billets. Il considère cela comme une grande faveur.

JEAN — Bravo!

MARCEL. — Il est en train de téléphoner. Il m'a supplié de lui en donner encore pour 40.000 francs qu'il voudrait faire souscrire à son frère. Je me suis laissé faire gentiment. (A Jacqueline.) Tenez, voici la note.

MARCEL, à Jean. — Elle lit parfaitement ma mauvaise écriture! L'autre jour, elle a trouvé un mot qui m'échappait à moi et que j'avais complètement oublié. Ça ne te représente rien, à toi? Moi, ça me prouve que ma cousine est spécialement intelligente. (Jacqueline proteste.) Oui, oui, vous savez que je n'ai pas l'habitude de faire des phrases. Je ne cherche pas de détours pour dire la vérité même quand elle a l'air d'un compliment!...

ACHILLE. — C'est vrai qu'elle est merveilleusement intelligente!

JACQUELINE. — Ah! voilà bien papa! Tout de suite « merveilleusement »!

ACHILLE. — Je sais ce que je dis... et tu n'étais pas digne de cet agent voyer...

MARCEL. — Quel agent voyer?

JACQUELINE, *vraiment très gênée.* — Ce n'est rien! C'est une histoire de papa...

ACHILLE. — Un agent voyer qui demandait sa main et qu'elle a refusé...

JACQUELINE, *vivement.* — Mais je n'ai pas dit, papa, que je refusais.

ACHILLE. — Comment, tu n'as pas dit...

JACQUELINE. — J'ai encore le temps de me décider, je réfléchirai...

MARCEL, *d'un ton plutôt indifférent.* — C'est ça, qu'elle réfléchisse, comme ça je ne perdrai pas tout de suite ma gentille petite dactylo qui m'est si utile...

JACQUELINE, *troublée.* — Mais oui, oui, je vais aller travailler.

ACHILLE, *à Marcel.* — Tu sais qu'elle m'a absolument dit en propres termes qu'elle ne voulait pas se marier.

MARCEL. — Très bien, tâche qu'elle ne se presse pas. Moi je retourne à mon vautour, mais pour continuer à le dévorer.

Il sort.

JEAN, *à Achille.* — Eh bien, j'espère qu'il a fait des progrès, notre ami... Qu'est-ce que dirait le papa Langrevin?

ACHILLE. — Oh! le père Langrevin, il a d'autres choses à penser en ce moment!

JEAN. — D'autres choses à penser?

ACHILLE. — Eh bien, ses affaires ne vont pas toutes seules, à ce qu'on dit. Je n'en ai pas parlé à Marcel parce qu'il n'aime pas qu'on lui parle de son papa...

JEAN. — Comment, ses affaires n'iraient pas toutes seules?

ACHILLE, *qui s'est approché de la fenêtre.* — Dites donc, savez-vous qui vient maintenant?... *(Jean s'approche de la fenêtre.)* Voilà l'auto de Cécile, la sœur de Marcel, qui vient de s'arrêter devant la maison... *(Entre Marcel. A Marcel.)* Marcel, sais-tu qui est là?

MARCEL, *inquiet.* — Qui ça?

ACHILLE. — Ta sœur...

MARCEL. — Qu'est-ce qu'elle me veut?

ACHILLE. — Elle vient te voir, probablement.

MARCEL. — Fais-la entrer.

Sort Achille.

JEAN. — On te laisse?

MARCEL. — Oui... Qu'est-ce qu'elle me veut?

Ils sortent. Cécile entre l'instant d'après. Cécile et Marcel restent un instant debout sans mot dire, assez séparés l'un de l'autre. Au bout d'un moment :

CÉCILE. — Eh bien, Marcel, tu ne m'embrasses pas? *(Il s'approche d'elle et l'embrasse.)* Tu as bonne mine. Il me semble que tu es plus fort...

MARCEL. — Oui... Comment est papa?

CÉCILE. — Pas mal... Il a vieilli, tu sais... Florentin m'a un peu inquiété ces temps-ci. Il a eu des migraines, mais ça va mieux... *(Silence.)* Tu es bien installé ici...

MARCEL. — Oh! ça commence...

CÉCILE. — Tu as l'intention de rester dans cet appartement?

MARCEL. — Je pense. C'est si difficile à trouver.

CÉCILE. — Je m'assois. J'ai les jambes coupées... Tu sais... *(Elle sourit.)* j'étais un peu émue de te revoir... Et toi, moins, je suis sûre?...

MARCEL, *poliment.* — Si, si...

CÉCILE. — Tu sais que nous avons été très inquiets sur ton compte... Papa nous avait dit exactement ce qui s'est passé. Mais personne n'a su le motif de ton départ. C'est resté entre nous.

MARCEL. — Vous avez bien fait. Ce n'était pas très reluisant. Et il valait mieux que ça ne se sût pas, ne fût-ce qu'à cause de ton mari.

CÉCILE. — Oh! ce n'est pas là la raison... Tu as l'intention de venir voir papa?

MARCEL, *embarrassé.* — Oui... je viendrai ces jours-ci... C'est papa qui demande à me voir?

CÉCILE. — Non. Nous n'avons pas voulu lui parler de toi... Je ne sais même pas s'il sait que tu es à Paris. Mais il peut l'apprendre d'un instant à l'autre. Et il se demandera pourquoi tu ne viens pas le voir.

MARCEL. — Il doit bien penser que j'attendrai qu'il m'appelle...

CÉCILE. — Tu n'as pas à attendre que ton père t'appelle. Il vaut mieux que tu viennes de toi-même...

MARCEL. — Je ne viendrai pas de moi-même. Ce n'est pas par orgueil... Mais si papa veut me voir, il saura bien me faire venir...

CÉCILE. — Ecoute, Marcel, pour tout le monde, c'est plus convenable que tu n'aies pas l'air d'être fâché avec papa. Personne n'a su que vous aviez eu une discussion. Pour tout le monde, tu es parti apprendre les affaires à l'étranger, avec le consentement de papa... Alors de quoi ça a-t-il l'air maintenant que tu sois à Paris et que tu ne viennes pas chez ton père?

Silence.

MARCEL. — Ecoute, Cécile, je suis décidé à mener une vie séparée pendant quelque temps encore, pendant un temps indéterminé... Excuse-moi si ça fait du tort à la famille et à ton mari...

CÉCILE. — Il n'est pas question de ça...

MARCEL. — Non. Ce n'est pas la peine d'en parler... Mais j'ai pris la résolution ferme de mener une existence à part, que je me serai faite moi-même, et même de renoncer — je te dis cela en passant — à tous les avantages matériels qui pourraient revenir de mon père...

CÉCILE, *avec un peu d'ironie mélancolique.* — Oh! les avantages matériels...

MARCEL. — Qu'est-ce que tu veux dire?...

CÉCILE. — Rien... Je dis que moi non plus, ça n'est pas la chose à laquelle je tiens...

MARCEL. — Mais ça n'est pas ce que tu avais l'air de dire?

CÉCILE. — Je n'ai pas l'air de dire autre chose... Si tu l'as cru, tu t'es trompé...

MARCEL. — Quoi qu'il en soit, ma résolution est bien prise. Je ne veux pas dire que je ne vous verrai jamais...

CÉCILE. — Grand merci!...

MARCEL. — Je veux dire seulement que je veux achever mon émancipation. Nous nous reverrons quand elle sera plus complète.

CÉCILE, *se levant.* — J'espère que ta résolution n'est pas aussi arrêtée que tu veux bien le dire et que tu reviendras là-dessus...

MARCEL. — Garde cette espérance, si tu veux. Tu as peut-être raison. En tout cas, j'aime autant que tu ne me quittes pas sur des paroles définitives...

Il l'embrasse.

CÉCILE, *l'embrassant avec une certaine effusion.* — Méchant garçon...

MARCEL. — Méchant garçon, je ne crois pas... Au revoir, Cécile... *(Après un instant d'hésitation.)* Amitiés à Florentin... *(Elle sort. Faisant revenir Jean, Jacqueline et Achille.)* Arrivez un peu par ici... Savez-vous ce que ma petite sœur est venue me proposer? De me réconcilier avec papa. C'est une bonne âme, n'est-ce pas? Mais vous devinez les motifs de cette démarche?... Que le fils Langrevin ait un cabinet d'affaires à Paris et qu'il vive séparé de sa famille, c'est évidemment une situation qui peut faire tort à quelqu'un... Et ce quelqu'un, c'est M. Tury-Bargès, dont l'hermine doit rester, je ne dis pas à l'abri de toute souillure, car il n'est pas question de cela, mais du moindre petit soupçon... Sentiment louable, mais qui m'empêcherait radicalement de m'attendrir si j'en avais la moindre envie.

JEAN. — Et qu'est-ce que tu as répondu à ta sœur?

MARCEL. — Je lui ai répondu que mon parti était pris, que mon existence matérielle était séparée à jamais de celle de la famille. Je renonce aux profits de la maison Langrevin, ai-je encore ajouté. Elle a même eu une réflexion qui m'a semblé bizarre, ou plutôt un petit air singulier... quand je lui ai dit que je lui abandonnais tout ce qui pourrait me revenir de mon père...

ACHILLE. — Qu'est-ce qu'elle t'a dit?

MARCEL. — Eh bien, elle a eu l'air de me dire que ces avantages matériels n'étaient peut-être pas aussi considérables que je le supposais. C'est du moins ce que j'ai cru comprendre. Et puis, quand j'ai voulu avoir des éclaircissements, elle a changé la conversation...

ACHILLE. — Je te demande ça parce que, précisément, on m'a dit hier quelque chose qui m'a étonné.

MARCEL, *vivement*. — Qu'est-ce qu'on t'a dit?...

ACHILLE. — On m'a dit que les affaires de ton père...

MARCEL, *de même*. — ... Que les affaires de mon père...

ACHILLE. — Ça n'irait pas tout à fait comme il voudrait...

MARCEL. — Qui est-ce qui t'a dit ça?

ACHILLE. — Attends que je retrouve...

MARCEL, *impatient*. — Ah! retrouve, retrouve!

ACHILLE. — C'est Durol, le comptable de la banque Lombier...

MARCEL. — Et qu'est-ce qu'il t'a dit?

ACHILLE. — Oh! il ne m'a pas dit grand'chose... Je lui parlais de ton père, que l'on considérait comme un homme infaillible... Il a fait une moue comme ça...

MARCEL. — Et tu ne lui as pas demandé des explications?

ACHILLE. — Si, mais il n'a pas eu l'air de vouloir m'en donner...

MARCEL. — Eh bien, je te réponds qu'il m'en donnera, à moi. Tu vas venir le voir avec moi...

ACHILLE. — Oui... oui... Est-ce qu'il est encore à son bureau?

MARCEL. — S'il n'y est plus, je saurai bien le retrouver, où qu'il soit. Au revoir, Jean. Au revoir, ma petite Jacqueline...

JACQUELINE. — Vous ne lisez pas mon travail?

MARCEL. — Si... si... je le lirai ce soir...

JACQUELINE. — Vous m'aviez dit que c'était pressé...

MARCEL. — Oui... oui... mais il y a quelque chose de plus pressé encore... Achille, viens avec moi...

Ils sortent tous les deux.

JACQUELINE, *à Jean*. — Qu'est-ce qu'il a donc?

RIDEAU

ACTE IV

Même décor qu'au premier acte.

Au lever du rideau, Tury-Bargès fait entrer Girbel et entre derrière lui.

TURY-BARGÈS, à Emile, qui est en train de ranger des papiers. — Monsieur n'est pas là ?

EMILE. — Je crois qu'il va rentrer tout à l'heure.

TURY-BARGÈS. — Notre réunion était pourtant fixée pour 3 heures exactement. (A Girbel.) Excusez-moi, mon cher Henri...

GIRBEL. — Mais voyons!

TURY-BARGÈS. — Cécile a pris la voiture et je vous dirai où elle est allée. Nous avons appris que son frère était à Paris.

GIRBEL. — Et elle est allée lui demander son avis sur l'affaire qui nous occupe?

TURY-BARGÈS. — Non, il n'a pas à être consulté. Vous savez, vous, et personne d'autre ne le sait, mais je pouvais vous en informer en raison de notre amitié et de nos liens de famille, vous savez dans quelles circonstances il a quitté sa famille et son père. Il s'est séparé de nous volontairement, il n'y a plus à revenir là-dessus. Non, ma femme est allée le voir pour une autre raison. Nous voudrions que, aux yeux du monde, il ne parût pas brouillé avec nous et qu'il revînt de temps en temps voir son père. Quand il était absent, cela se comprenait... Maintenant, on sait qu'il est à Paris, et cette espèce de séparation trop visible peut donner lieu à des commentaires que nous devons éviter...

Cécile ouvre la porte et entre.

CÉCILE. — Bonjour, Florentin. (A Girbel.) Bonjour, Henri...

TURY-BARGÈS. — Vous l'avez vu ? Vous pouvez parler, j'ai expliqué à Henri Girbel...

CÉCILE. — Mais oui... J'ai trouvé un garçon original comme à l'ordinaire. Pour le moment, il ne veut pas voir papa, mais je crois qu'il finira par se décider...

TURY-BARGÈS. — Enfin !... Occupons-nous de ce qui nous amène ici, c'est plus important. Nous sommes ici pour confirmer nos accords en présence de mon beau-père et avoir son consentement définitif qui ne peut faire question. La décision que nous avons prise, ou plutôt que Girbel a bien voulu prendre... (Girbel fait un signe.) Si, si... Henri... je tiens à vous remercier...

GIRBEL. — Mon cher Florentin, moi je tiens à rendre hommage à votre esprit de décision...

CÉCILE, regardant son mari. — Florentin a été admirable! Quand nous avons su que mon père était en mauvaise posture, mon mari n'a pas perdu son temps à tergiverser...

TURY-BARGÈS. — Vous aussi, ma chère amie, vous avez été parfaite!

CÉCILE. — Je n'ai eu qu'à vous approuver, Florentin, mais je tiens à remercier aussi Henri de ce qu'il veut bien faire pour mon père...

GIRBEL. — Mais je ne risque rien, mes chers amis... avec votre garantie, je suis absolument tranquille...

TURY-BARGÈS, tirant sa montre. — Il faut que votre père ait perdu la tête. Il sait que nous sommes ici, que nous avons pris rendez-vous ferme avec lui, et il nous fait attendre!... Vraiment, cette façon d'agir, qui aurait été excusable au moment où ses affaires battaient leur plein, est un peu étrange maintenant. Il semble avoir oublié que c'est dans son intérêt que nous sommes tous réunis... Il n'y a pas de temps à perdre. On sait déjà que la maison Langrevin est en mauvaise posture. Que ces bruits parviennent seulement jusqu'à la chancellerie... Je suis en concurrence pour l'avancement avec un autre candidat, nous nous tenons de près ; en dépit de petits avantages que j'ai sur lui pour le moment, il suffirait d'une objection pour différer mon avancement et pour que son nom figurât à la place du mien dans le prochain mouvement. L'essentiel est que d'ici peu de temps, d'ici demain, un fait éclatant vienne prouver de la façon la plus évidente que tous les bruits qui circulaient étaient faux! Mon beau-père est créancier de la maison Moulis pour les trois quarts du passif de cette librairie, soit 644.000 francs. Moyennant 480.000 francs, il désintéressera tous les créanciers et prendra la maison à sa charge. D'après les renseignements, il paraît qu'en y mettant un bon gérant, la maison peut très bien continuer à marcher, pendant quelque temps, jusqu'à ce qu'on puisse faire une liquidation honorable. De toute façon, la créance de mon beau-père est à peu près perdue, donc la maison Moulis ne coûtera à la maison Langrevin que les 480.000 francs qui sont employés à désintéresser les créanciers de Moulis. Henri veut bien avant toute chose consentir à avancer cette somme... Après, on avisera... (On frappe.) Entrez!

EMILE. — Voilà Monsieur qui rentre...

TURY-BARGÈS. — Ah ! bien. (Entrent Langrevin et Naudel, son vieux caissier. Poliment, à son beau-père.) Bonjour, mon beau-père!

GIRBEL, s'inclinant. — Monsieur Langrevin...

CÉCILE. — Papa!

Elle l'embrasse sans trop d'effusion. Tury-Bargès leur fait signe de s'asseoir sur des fauteuils et des chaises.

TURY-BARGÈS. — J'étais en train d'expliquer à votre fille l'arrangement proposé par mon beau-frère Girbel. Je n'ai pas à revenir là-dessus, puisque nous en avons parlé avec vous ce matin. Il est entendu qu'Henri Girbel rachète votre librairie. Maintenant, je lui cède la parole pour qu'il vous explique de quelle façon il prend à sa charge le passif de cette maison.

GIRBEL. — C'est une combinaison que M. Langrevin ne peut, je crois, manquer d'approuver ; même s'il n'était pas dans une situation difficile, elle lui paraîtrait des plus acceptables, car, à l'examiner bien, elle est tout à fait avantageuse pour lui. Vous n'êtes donc pas, monsieur Langrevin, en présence d'un homme qui a voulu profiter de la situation. D'ailleurs, vous me connaissez, n'est-ce pas?

Silence.

CÉCILE. — Certainement, nous vous connaissons!

GIRBEL, continuant. — M. Langrevin a derrière lui une vie de travail copieusement remplie et l'on peut dire qu'en tout état de cause le moment n'eût pas été éloigné où il eût dû songer à prendre un repos qu'il a largement gagné. Même si les événements fâcheux de cette dernière semaine ne s'étaient pas produits, il eût fallu envisager l'instant prochain où vous auriez fait peser sur d'autres épaules les lourdes charges que vous avez jusqu'à présent supportées... (Il attend une réponse de Langrevin, mais celui-ci ne dit rien. Continuant.) Et je comprends fort bien que c'eût été un crève-cœur pour vous de céder à quelqu'un la maison... cette maison que vous avez fondée... Ce n'est donc pas une cession que je vous propose, cher monsieur Langrevin ; la maison Langrevin, rachetée par la maison Girbel, continuera à avoir son existence propre, mais vous serez débarrassé du souci de la soutenir, puisque la responsabilité de la bonne marche n'incombera qu'à la maison Girbel. Vous resterez, aux yeux de tous, le propriétaire directeur de votre librairie ; nous insisterons pour que vous vouliez bien nous prêter votre concours effectif...

Un silence.

CÉCILE. — Mon père ne demande pas mieux... (Avec un enjouement un peu forcé.) Que deviendrait-il, lui, s'il ne pouvait se rendre à son bureau!

GIRBEL. — Moyennant un versement annuel de 130.000 francs que je continuerai pendant douze ans, je deviendrai, si vous le voulez bien, propriétaire de votre firme. J'ajoute que je vous offrirai, en outre, votre vie durant, une somme de 60.000 francs par an...

LANGREVIN. — Mes appointements!

GIRBEL. — Non, ce ne sont pas des appointements. Il faut envisager ces 60.000 francs d'annuités comme un complément du prix... Ce complément est proportionné aux services effectifs que votre présence rendra à la maison. Ces conditions vous semblent-elles satisfaisantes?

LANGREVIN, après un moment de silence, d'une voix sourde. — Elles ont été acceptées par mon gendre et ma fille, je n'ai qu'à m'incliner...

TURY-BARGÈS. — Mais, mon beau-père, il ne s'agit pas de vous incliner si vous n'êtes pas de notre avis.

GIRBEL. — Je vous répète que j'aime mieux ne pas faire l'affaire que d'avoir l'air de vous forcer la main.

CÉCILE. — Mais voyons, Henri! Mon père n'a jamais eu cette idée-là! Il apprécie à sa juste valeur le service que vous lui rendez dans les circonstances présentes, et il vous en est reconnaissant...

LANGREVIN, sur un geste pressant de Cécile, avec une voix sourde. — Reconnaissant!

GIRBEL. — On est en train de préparer selon mes indications un acte sous-seing privé provisoire... Si vous le voulez bien, nous vous l'apporterons tout à l'heure. J'espère que vous aurez réfléchi à loisir et que vous n'hésiterez pas à le signer...

Langrevin incline la tête en songeant.

TURY-BARGÈS. — Eh bien, mon beau-père, à tout à l'heure...

CÉCILE. — Au revoir, papa, j'ai quelques courses à faire...

Poignées de main silencieuses, baiser rituel de Cécile au front de Langrevin. Puis ils s'en vont tous dans un froid, laissant Langrevin et son caissier.

LANGREVIN, à Naudel. — Vous avez bien compris ?

NAUDEL. — Oui, monsieur Langrevin.

LANGREVIN. — Somme toute, ils me tirent d'affaire.

NAUDEL. — Oui, monsieur, mais, tout de même, vous n'étiez pas encore dans un si mauvais pas... C'était difficile, mais on aurait pu s'en sortir...

LANGREVIN. — En luttant... Malheureusement, la situation de mon gendre m'interdit de lutter. Si l'on nous voyait nous débattre, on saurait que nous sommes dans un moment difficile, et ça ne doit pas se savoir... C'est pourquoi j'ai accepté la proposition. De cette façon, l'affaire ne s'ébruitera pas.

NAUDEL. — Oui, monsieur Langrevin. Au fond, ça vaut peut-être mieux; maintenant, vous n'allez plus avoir aucun souci, vous serez tranquille.

LANGREVIN. — Oui, je serai tranquille, j'aurai de quoi vivre jusqu'à la fin de mes jours ! (Fixant Naudel.) Je ne crois pas que je leur coûterai trop cher!

NAUDEL. — Qu'est-ce que vous dites là, patron ?

LANGREVIN. — Je n'ai pas idée que je vivrai longtemps... Mais gardez ça pour vous...

NAUDEL. — Ce n'est pas possible ce que vous dites là, monsieur Langrevin?...

LANGREVIN, avec un rire nerveux et forcé. — Oh! je ne dis pas que j'attenterai à mes jours... je ferai mon possible, au contraire, pour vivre. Mais je n'y tiens pas... (Un silence.) Ces jeunes gens ont des ménagements que je sens un peu trop... ça m'est un peu pénible. Et puis, j'ai eu des choses, ces temps-ci, qui m'ont fatigué... qui m'ont brisé, qui m'ont vieilli! Vous savez que je dois 30.000 francs à Peck-Wizard, le banquier. C'est un ami, presque un camarade d'enfance.

NAUDEL. — Oui, et vous m'avez demandé de ne pas faire figurer cette somme sur le bilan que j'ai remis à M. Girbel.

LANGREVIN. — Je n'ai pas osé... il aurait fallu donner des explications sur cette dette. (A mi-voix.) C'est de l'argent que j'ai perdu à la Bourse... il y a quinze jours... J'étais affolé. Pensez, Naudel, moi... Moi qui n'ai jamais spéculé de ma vie! Il fallait vraiment n'être plus dans mon assiette pour écouter les renseignements que l'on est venu m'apporter... J'ai vu le salut... Alors, pour exécuter cette opération, j'ai demandé 30.000 francs à Peck-Wizard, qui ne connaissait pas la situation et qui me les a donnés sans défiance. Hier, quand il a été mis au courant par des indiscrétions qui se sont produites, il est venu me trouver et m'a dit des choses qui m'ont paru assez dures : que je l'avais trompé, que je lui avais caché ma situation véritable... Ce n'était pas injuste si vous voulez, Naudel, mais Peck-Wizard, me voyant à terre, n'aurait pas dû me faire tous ces reproches-là pour une somme de 30.000 francs... Nous étions de vieux camarades, ça m'est difficile de supporter ça ! (Il a un tressaillement.) Naudel !

NAUDEL. — Qu'est-ce que c'est, monsieur Langrevin ?

LANGREVIN, troublé. — Je crois qu'il y a quelqu'un dans l'antichambre... J'ai entendu parler...

NAUDEL. — Je vais dire que l'on ne vous dérange pas...

LANGREVIN. — Il faut voir qui c'est, avant... Emile va nous dire qui c'est... Naudel...

NAUDEL. — Monsieur Langrevin ?

LANGREVIN. — Vous avez entendu dire que mon fils... que mon fils était à Paris ?

NAUDEL. — On me l'a dit, monsieur Langrevin.

LANGREVIN. — Je n'aurais pas été fâché... Entrez ! (Emile est sur le seuil de la porte, sans oser parler.) Dites-lui d'entrer... (A Naudel.) Oui... j'avais comme un... comme un pressentiment !

NAUDEL. — Je m'en vais par là, monsieur Langrevin.

Il sort. Langrevin l'approuve d'un signe de tête. Au bout d'un instant entre Marcel, qui s'arrête sur le seuil. Langrevin et Marcel restent un instant sans mot dire.

LANGREVIN. — Te voilà, Marcel...

MARCEL, d'une voix suppliante. — Papa !... (Un silence.) Je te demande pardon d'être parti si longtemps...

LANGREVIN. — C'est bien... (Silence.) Tu as pris de la carrure !... Tu es beaucoup plus homme...

MARCEL. — Il y a du nouveau ici, papa...

LANGREVIN. — Il y a beaucoup de nouveau !

MARCEL. — On m'a dit des choses... On m'a dit que tu n'étais pas très content !

LANGREVIN. — C'est arrangé !

MARCEL, soulagé. — C'est arrangé ! Ah ! tant mieux !

LANGREVIN, après un silence. — Oui... ton beau-frère (Marcel le regarde avec humeur.) et Girbel (Même jeu de Marcel.) ont trouvé une combinaison. Oh ! ils se sont bien occupés de tout... je suis très libéré... Girbel prend tout le passif à sa charge ; il achète ma librairie à des conditions... très convenables, je puis dire... très convenables... étant donné la situation... Personne, d'ailleurs, ne saura rien, je viendrai à mon bureau comme par le passé... j'aurai l'air d'être à la tête de la librairie, puis je n'aurai plus aucun souci... Je serai très tranquille... bien tranquille... (Avec un sanglot qui lui échappe.) comme un vieil employé de la maison...

MARCEL, atterré. — Et ils t'ont fait accepter cela !

LANGREVIN. — Ils préparent un acte sous-seing privé. Et je dois le signer tout à l'heure...

MARCEL. — Papa, tu ne le signeras pas !

LANGREVIN. — Comment veux-tu ?...

MARCEL. — Papa, ton fils est là, entends-tu ! Si tu passes la main à quelqu'un, ce sera à moi, à un autre toi-même...

LANGREVIN. — Mais comment ?... En as-tu les moyens ?...

MARCEL. — Je les trouverai.

LANGREVIN. — Mais, mon petit, il faut de grosses, grosses sommes !

MARCEL. — Quelles sommes ?

LANGREVIN. — Près de 200.000 francs, non pour racheter l'affaire de Lyon, mais pour m'en sortir ; je t'expliquerai. Et encore 180.000 francs pour aller au plus pressé... Et ce ne sera pas tout, je ne parle que de ce qui doit être réglé sans retard... dans un délai plus rapproché. Pour le reste, on verra plus tard.

MARCEL. — Mais pour ces 380.000 francs, mettons 400.000... quel délai as-tu ?

LANGREVIN. — Une huitaine tout au plus.

MARCEL. — Une huitaine... ça va !

LANGREVIN, avec embarras. — Et alors, ce qui est tout à fait pressé... (Se décidant.) une chose dont je n'ai pas osé leur parler à eux, mais dont je te parle à toi, 30.000 francs que je dois à Peck-Wizard...

MARCEL. — A ton ami Peck-Wizard ? Et il te presse de les lui rendre ?

LANGREVIN. — J'étais affolé, il y a un mois, si affolé que j'ai écouté quelqu'un qui est venu et m'a donné un renseignement de Bourse...

MARCEL. — Achille ?

LANGREVIN. — Tu le sais ?

MARCEL. — Non, mais je le sens... Achille, avec son mauvais destin, devait infailliblement se trouver là. Fallait-il être affolé, mon pauvre papa !

LANGREVIN. — Alors, Peck-Wizard est venu me réclamer cette somme ce matin. Oh ! je ne sais pas ce que j'aurais donné pour pouvoir lui flanquer cet argent au visage !

MARCEL. — Eh bien, papa, je vais t'offrir ce plaisir-là !... Je ne te cache pas que je trouve ça un peu cher, 30.000 francs pour confondre Peck-Wizard ! Il ne faudra pas les lui jeter à la figure, il faudra les lui rendre simplement ! Je me charge de la chose et je le ferai de telle façon qu'il rendra ces billets et beaucoup d'autres avec... (Songeur.) Je ne suis pas fâché d'entrer en relations avec ton Peck-Wizard ! J'ai à lui parler de différentes choses ! Je ne voulais pas m'adresser à une banque, mais je ferai ce sacrifice, puisque maintenant il faut soutenir notre maison. Eh bien, ça va changer !... Ça va s'arranger, papa, ça va s'arranger... ce n'est pas Achille qui te parle... Ah ! Achille, il faut le voir en ce moment !... Nous sommes sortis tout à l'heure ensemble, et il voulait mettre sa casquette à visière...

LANGREVIN. — Marcel, tu es devenu un garçon magnifique... Qu'est-ce que tu as fait pour ça ?

MARCEL. — Aucun exercice physique, si ce n'est des promenades à pied le soir dans Barcelone. J'étais tellement préoccupé que je marchais énormément sans m'en douter.

LANGREVIN. — Alors, maintenant, tu aimes les affaires ?

MARCEL. — Tu verras ça, puisque maintenant nous allons travailler ensemble... Tu seras content de ton jeune compagnon... (Il reste quelques instants sans parler.)

LANGREVIN. — J'en avais assez d'être seul.

MARCEL. — Moi aussi, papa.

Ils s'embrassent. Son père lui serre les deux mains dans les siennes.

EMILE, ouvrant la porte. — Monsieur Tury-Bargès.

MARCEL. — Ah ! bon ! (Langrevin interroge Marcel du regard.) Eh bien, qu'on le fasse entrer !

TURY-BARGÈS, entrant, il s'arrête sur le pas de la porte. — Tiens, c'est Marcel !

MARCEL. — Oui, c'est moi, Florentin...

TURY-BARGÈS. — On m'a dit que vous étiez à Paris, et je suis étonné de ne pas vous avoir vu plus tôt !

MARCEL. — J'attendais une occasion !

TURY-BARGÈS, le regardant, puis se tournant vers Langrevin, à voix basse. — Beau-père, je vous ai apporté le papier, le sous-seing privé.

LANGREVIN. — Marcel, mon fils, est au courant.

MARCEL. — Oui, mon père m'a expliqué. Je vous remercie, Florentin, des efforts que vous avez faits pour le tirer d'embarras, mais je dois vous dire que nous avons trouvé ensemble une autre combinaison... et nous allons tâcher de la faire aboutir!

TURY-BARGÈS. — Une autre combinaison ?

MARCEL, *se contenant.* — Oui, une combinaison qui nous permettra de laisser mon père à la tête de ses affaires et qui ne l'obligera pas à abandonner cette maison qu'il a fondée!

TURY-BARGÈS, *se contenant également, s'adressant à Langrevin.* — Monsieur Langrevin, avez-vous assez réfléchi? Je m'étais pourtant expliqué suffisamment sur les nécessités qu'il y aurait d'accepter la proposition Girbel; elle nous permet de ne pas ébruiter l'affaire... et de couper court à tous les bruits fâcheux...

MARCEL. — Vous vous adressez à mon père, Florentin, mais il m'autorise à répondre pour lui. Il m'a dit vos raisons et je les comprends, elles sont des plus honorables! Vous tenez à ce que notre réputation, et la vôtre par ricochet, ne soit pas atteinte, sentiment, je le répète, fort acceptable! Et je me sens disposé à le ménager, autant seulement qu'il se conciliera avec un autre sentiment auquel vous n'avez peut-être pas assez songé. (*Il continue d'une voix ferme et assez forte.*) Je suis décidé à faire l'impossible pour sauvegarder votre situation, mais je suis résolu avant tout à ménager l'orgueil et la fierté légitimes du fondateur de la maison Langrevin. (*Sa voix, malgré lui, s'assourdit un peu.*) Je ne veux pas de cette abdication, que vous exigez de lui... Mon père, secondé par son fils, restera effectivement à la tête de ses affaires... Nous ferons tous nos efforts pour sauver la barque, le père et le fils, avec « les moyens du bord ».

TURY-BARGÈS. — C'est très bien, c'est très bien... Je suis heureux... mais d'où vient ce dévouement subit ? Pendant six mois on n'a pas entendu parler de vous...

MARCEL. — Si j'avais su mon père dans l'embarras, vous m'auriez peut-être revu plus tôt !

TURY-BARGÈS. — J'ai tout de même un peu voix au chapitre, et puisque vous prenez en main le sort de la maison Langrevin, je peux m'en inquiéter, en songeant à votre passé !

LANGREVIN, *sursautant.* — Florentin !

MARCEL. — Laisse-le, père ! qu'il me fasse ce reproche, je l'attendais... Oui, Florentin, j'ai signé des traites du nom de mon père, et le nom de mon père est aussi le mien... Il a fait honneur à sa signature aussi bien qu'à la mienne... Nous avons un nom... Ce nom est à nous deux, et mon père sait que désormais la garde de ce nom est en bonne main... Vous avez rappelé à mon père que j'avais vis-à-vis de lui une vieille dette, il ne me la réclame pas, mais je vous montrerai que je saurai la payer...

TURY-BARGÈS. — C'est bien, je n'ai plus rien à faire ici... Vous êtes responsable de ce qui arrivera...

MARCEL. — J'accepte cette responsabilité !

TURY-BARGÈS. — Au revoir...

Il sort.

MARCEL. — J'ai fait, malgré moi, des phrases avec ce substitut. C'est effrayant ce que ça s'attrape, l'éloquence! Au revoir, papa, je passe prendre mon chéquier et je ferai écrire à Peck-Wizard pour le convoquer demain.

LANGREVIN. — Quand est-ce que je te revois?

MARCEL. — Mais tout de suite... Je suis rentré... Je dîne et je couche à la maison...

RIDEAU

ACTE V

Même décor.

Même décor. La scène se passe le lendemain matin.

MARCEL, *entrant, à Emile.* — Est-ce que Monsieur est là ?

EMILE. — Oui, monsieur.

MARCEL. — Eh bien, dites-lui donc que je suis arrivé. (*Marcel dépose une serviette qu'il a sous le bras sur la table, il est de très bonne humeur, mais songeur. Entre Langrevin.*) Papa, voilà. J'ai ce qu'il faut pour Peck-Wizard.

LANGREVIN. — Ah! bon... Tu as les 30.000 francs... Je te remercie, petit...

MARCEL, *sérieux.* — Voyons, voyons, papa... Je l'ai fait prévenir hier que tu avais à lui parler, nous le recevrons ensemble. Seulement je te prie de rester calme... froid, si tu veux — j'aime autant que tu sois froid — mais calme...

LANGREVIN. — Je te laisse faire... je te laisse faire, tu sais ; maintenant je suis ton employé à toi.

MARCEL. — Oh ! papa.

LANGREVIN. — Ça m'est égal, d'être ton employé à toi... L'employé de Girbel, ça m'embêtait un peu...

MARCEL. — En deux mots, voici la situation : j'ai une affaire très belle en Espagne, douze cent mille francs de titres que je place moi-même... J'en ai déjà placé environ la moitié. Eh bien, j'ai un homme qui me paraît tout désigné pour me prendre une petite poignée sur le reste.

LANGREVIN. — Qui ça ?

MARCEL. — Tu vas me voir faire une action admirable... Je vais rendre le bien pour le mal.

LANGREVIN. — Comment ça ?...

MARCEL. — Je vais faire entrer Peck-Wizard dans une affaire excellente...

LANGREVIN. — Ce n'est peut-être pas la peine... On pourrait peut-être la proposer à d'autres.

MARCEL, *qui a son idée.* — Non, non...

EMILE, *entrant.* — Il y a là une demoiselle qui demande à parler à Monsieur...

MARCEL. — Une demoiselle ?... Ah ! c'est Jacqueline... Faites-la entrer... Tu vas voir une charmante petite femme, ma secrétaire.

LANGREVIN. — Ta secrétaire...

MARCEL. — Ma secrétaire, tout simplement. (Entre Jacqueline.) Jacqueline, venez dire bonjour à mon père !

JACQUELINE. — Monsieur Langrevin !

MARCEL. — Comment la trouves-tu ?

LANGREVIN. — Mais je n'ai pas pu encore me prononcer... sur ses mérites ; d'aspect, elle est charmante.

MARCEL. — Eh bien, à partir d'aujourd'hui, je t'autorise à l'appeler ta cousine...

LANGREVIN. — Qu'est-ce que tu racontes là ?

MARCEL. — C'est ta cousine... en effet... la fille d'Achille.

LANGREVIN. — La fille d'Achille...

MARCEL. — On accuse ce pauvre Achille, je puis le dire devant sa fille qui l'a entendu assez souvent, de ne pas réussir ce qu'il entreprend, eh bien, voilà, j'espère, un gentil petit démenti vivant... Jacqueline, vous avez les papiers ?

JACQUELINE. — Oui, je les apporte.

MARCEL. — Montrez un peu... Ce sont les rapports de la seconde usine, n'est-ce pas ?

JACQUELINE. — Oui...

MARCEL. — Elle les a terminés elle-même... Je lui avais dicté le premier; celui-là, elle l'a terminé seulement sur indications.

LANGREVIN. — Et je suis sûr que tu n'as pas besoin de vérifier...

JACQUELINE, protestant. — Comment?

MARCEL. — Mais si!... Je vérifie... C'est parce que je vérifie scrupuleusement tout ce qu'elle fait que j'ai le droit de dire que j'ai grande confiance en elle... Voilà comment on était à Barcelone, dans la maison où j'ai travaillé. On n'avait pas confiance dans les gens par simple paresse, ou parce que c'est plus commode. On se fiait à eux quand on les avait éprouvés. (Il prononce ces paroles en feuilletant le rapport. Il s'arrête un moment.) Oui, je vois... Je l'attendais là... Un petit chapitre de cuivre de quatorze mille francs, que j'avais oublié de lui recommander hier...

JACQUELINE. — Mais dont vous aviez parlé l'autre jour...

MARCEL. — Voilà pourquoi j'ai confiance en elle... Parce qu'elle s'intéresse à ce qu'elle fait et qu'elle se rend compte des affaires...

JACQUELINE, en feuilletant l'autre rapport. — Oh ! je voudrais bien avoir un petit bureau !

MARCEL. — Pourquoi ?

JACQUELINE. — Parce que voilà quelque chose qui me paraît tout à fait manqué...

MARCEL. — Quoi ?

JACQUELINE. — Eh bien, le compte du transport... Ce n'est pas assez sorti, ça...

MARCEL. — Mais ça me paraît très bien...

JACQUELINE. — Moi, ça ne me paraît pas très bien... Est-ce que je pourrais aller le recommencer par là?...

LANGREVIN. — Mais oui, mademoiselle...

MARCEL. — Appelle-la Jacqueline, papa.

LANGREVIN. — Jacqueline, venez donc par ici... il y a là un petit bureau, il y a même une machine à écrire...

MARCEL, au moment où elle s'en va. — Dites donc, Jacqueline, vous savez que j'ai quelque chose à vous dire : nous allons déménager, vous savez...

JACQUELINE. — Déménager?

MARCEL. — Oui, nous allons habiter ici... Je rentre avec vous dans la maison Langrevin...

JACQUELINE, un peu frappée. — Ah!... C'est par ici que je dois aller?...

LANGREVIN. — Oui, oui... par ici... (Il ouvre la porte et Jacqueline entre dans un petit couloir. Quand Jacqueline est entrée, Langrevin ferme la porte.) Quel drôle d'air elle a eu quand tu lui as dit que tu rentrais dans la maison... tu n'as pas remarqué?

MARCEL. — Non...

EMILE, entrant. — Monsieur Peck-Wizard...

MARCEL. — Ah! papa, tu entends?

LANGREVIN. — J'entends...

MARCEL, à Emile. — Faites entrer... (A Langrevin.) Calme des grands jours, papa...

PECK-WIZARD, entrant. — Bonjour... Bonjour, Langrevin...

MARCEL, à Peck-Wizard. — Bonjour, monsieur Peck-Wizard...

PECK-WIZARD. — Tiens, c'est toi qui es là?...

MARCEL. — Oui, monsieur Peck-Wizard...

PECK-WIZARD, à Langrevin. — Je ne sais pas pourquoi tu as tenu absolument à ce que je passe chez toi... Je suis très pris aujourd'hui, j'ai un conseil d'administration à 5 heures et je ne pense pas que tu me fasses venir pour me répéter ce que tu m'as dit l'autre jour...

MARCEL. — Monsieur Peck-Wizard, mon père m'a mis au courant exactement de ce qui s'est passé... Je sais que mon père vous a emprunté, dans un moment difficile, il y a quelques semaines, 30.000 francs.

PECK-WIZARD. — Oui, à une époque où je ne savais pas, parce qu'il ne me l'avait pas dit, où je ne savais pas qu'il était en posture difficile.

MARCEL. — Oui... vous ignoriez qu'il était en posture difficile... (Reprenant un ton naturel.) Alors, vous ne vous êtes pas douté du service que vous lui rendiez...

PECK-WIZARD. — Il ne m'en avait pas averti, lui...

MARCEL. — Oui... (Silence.) C'est ce que j'ai dit à papa... tu aurais dû dire à M. Peck-Wizard que tu étais dans une situation difficile; alors, ce n'est pas 30.000 francs qu'il t'aurait prêtés à ce moment-là, c'est toute la somme qui t'était nécessaire pour te tirer d'embarras...

PECK-WIZARD, un peu gêné. — Je ne sais pas ce que j'aurais fait, mais je sais ce que j'ai fait. Votre père m'a demandé 30.000 francs au moment où il était tout à fait gêné. Je trouverais donc tout à fait anormal, pour ne pas dire autre chose, d'être traité sur le même pied que les autres créanciers, en supposant qu'ils soient réglés avec une distribution de 25 à 30 % de leur argent. Il me semble que, moi, je dois toucher la totalité...

MARCEL. — Mais oui, monsieur Peck-Wizard, c'est un raisonnement inattaquable. Je dois vous dire, monsieur, que nous espérons sérieusement, nous espérons donner aux créanciers de mon père, non pas 25 ou 30 % de ce que nous leur devons, mais la totalité.

PECK-WIZARD, sceptique. — Vous espérez... mon garçon... vous espérez...

MARCEL. — Tiens, vous ne me tutoyez plus, monsieur Peck-Wizard?...

PECK-WIZARD, gêné. — Si, je te tutoie, mais je ne t'avais pas vu depuis quelque temps et il me semble que tu es un plus grand garçon maintenant...

MARCEL. — Vous pouvez continuer à me tutoyer,

ça ne me gêne pas... Je vous disais donc que nous espérions...

PECK-WIZARD. — Que vous espériez... ce ne sont que des espérances...

MARCEL. — Il est possible que cette espérance soit déçue... mais nous avons autre chose à vous donner que des espérances... Vous comprenez, monsieur Peck-Wizard, que nous n'aurions jamais osé déranger un homme comme vous, qui a ses journées occupées par des conseils d'administration, simplement pour lui donner un espoir.

PECK-WIZARD. — Mais où veux-tu en venir ?...

MARCEL, *tirant une liasse de sa serviette.* — Monsieur Peck-Wizard, voilà les 30.000 francs que vous avez prêtés à papa...

PECK-WIZARD. — C'est toi qui me les donnes ?

MARCEL. — Mais non, pas du tout, c'est mon père qui vous les rend...

PECK-WIZARD. — Mais c'est toi qui les lui donnes ?

MARCEL. — Je vous demande pardon, monsieur Peck-Wizard, mais ça, ce sont les affaires de la maison. Vous avez eu l'obligeance de prêter 30.000 francs à la maison Langrevin, les voici.

PECK-WIZARD. — Si je pose cette question, c'est que je m'intéresse à vous...

MARCEL. — Comme vous nous l'avez prouvé bien des fois... Toutes les fois que nous avons eu à vous demander quelque chose et que notre situation était florissante, nous avons constaté que vous témoigniez un vif intérêt à la maison Langrevin...

PECK-WIZARD. — Tu veux dire ?...

MARCEL. — C'est ce que vous nous avez dit tout à l'heure : vous n'êtes venu en aide à papa que parce que vous ne saviez pas que sa situation était critique. Par conséquent, je constate par votre propre renseignement que c'est plus spécialement dans les moments heureux que l'on vous a avec nous... et j'ai bien vu que vous aviez deviné tout à l'heure par cette restitution que les affaires de mon père allaient mieux... j'ai senti entre nous un certain rapprochement... plus de cordialité... un certain abandon... Croyez bien que je vous parle sans aucune amertume ; il y a tant de gens qui sont jaloux, qui font mauvaise figure à leurs amis dans les moments d'heureuse fortune ; eh bien, je suis très heureux de savoir que vous n'êtes pas de ceux-là...

PECK-WIZARD. — Je ne te suis pas, mon garçon. Je t'ai posé là une question bien naturelle. Cela m'a semblé intéressant de constater... de savoir que tu étais en état maintenant de donner un coup de main à ton père...

MARCEL. — Oui, monsieur Peck-Wizard, vous le constatez par cette restitution. Et si ce petit fait ne s'était pas passé aujourd'hui, vous auriez eu un indice beaucoup plus important du bon état de nos affaires. Je me proposais, en effet, de vous rendre visite pour vous parler d'une affaire qui vous aurait intéressé... une entreprise heureuse, je sais que c'est surtout celles-là qui vous intéressent...

PECK-WIZARD. — Qu'est-ce que c'est ?

MARCEL. — Oh ! non, monsieur Peck-Wizard, je veux bien vous en parler, mais je n'irai plus vous voir pour cela maintenant ! Quand je me proposais d'aller vous voir pour cette affaire, je croyais que vous étiez toujours dans les mêmes relations avec papa, je ne savais pas encore que vous aviez été un peu... dur pour lui dans ces derniers temps...

PECK-WIZARD. — J'ai été dur pour lui !

MARCEL. — Comme vous êtes gentil, monsieur Peck-Wizard ! Vous avez déjà oublié !

PECK-WIZARD. — Langrevin, sérieusement... Est-ce que j'ai été si dur que ça avec toi ?...

LANGREVIN. — Tu ne t'en es pas aperçu, Peck-Wizard, tu m'as fait de la peine...

PECK-WIZARD. — Et tu m'en veux ?...

LANGREVIN. — Tu m'as fait de la peine... Je ne t'en veux pas... Ça m'a fait faire un retour sur moi-même... *(A Marcel.)* Dans ma vie, il m'est arrivé d'être assez sec quelquefois avec certaines gens.

PECK-WIZARD, *s'asseyant, à Marcel.* — Et qu'est-ce que c'est que cette merveilleuse affaire dont tu voulais me parler ?

MARCEL. — Vous êtes très pris en ce moment, vous avez des conseils d'administration... Enfin, si papa ne vous en veut pas...

PECK-WIZARD, *à Langrevin.* — Mais dis donc à ce garçon, dis-lui donc que je suis avec vous... allons, c'est entendu, tu viendras demain matin me voir, je n'aurai pas une journée trop chargée... Je ne vous fais pas de reçu, je déchirerai celui que ton père m'a donné, il est préférable que cette affaire-là reste entre nous... *(Avec une jovialité forcée.)* Ce qu'il m'a raconté tout à l'heure, ce gamin-là ! Allons, tu viens me voir demain matin !

Il sort après avoir serré la main de Langrevin et tapé affectueusement sur l'épaule de Marcel.

MARCEL. — Il marchera, non par amitié, mais parce que l'affaire est bonne...

LANGREVIN. — Au fond, ce n'est pas un si mauvais homme...

MARCEL. — Non, mais ce n'est pas non plus un très bon homme.

JACQUELINE, *entrant à ce moment.* — Marcel, c'est fini...

MARCEL. — Ah ! bon... Nous allons collationner... Je vais jeter un coup d'œil sur votre petit travail...

LANGREVIN. — Eh bien, je vous laisse, je vais faire un tour dans les ateliers... à tout à l'heure...

MARCEL. — A tout de suite, papa...

LANGREVIN. — Au revoir, petite cousine...

Il sort.

JACQUELINE. — Marcel, voici un rapport. Je souhaite que vous le trouviez bien... parce que...

MARCEL. — Parce que ?

JACQUELINE. — Parce que c'est le dernier que je ferai pour vous...

MARCEL. — Qu'est-ce que vous me dites là ?

JACQUELINE. — Papa vous a dit hier que j'étais demandée en mariage...

MARCEL. — Et je sais que ça ne vous plaisait pas ?

JACQUELINE. — Je ne sais si cela me plaît ou non, mais il faut que je réfléchisse, il faut que je pense à ma famille, cela me ferait une petite situation... Je ne dis pas que ça me permettrait de leur venir en aide, mais... de diminuer, du moins, les ennuis de papa...

MARCEL. — Mais pourquoi est-ce que vous ne voulez pas rester avec moi ?

JACQUELINE. — Parce que ce ne sera plus la même chose... maintenant que vous êtes rentré chez votre père... entre nous, ce ne sera plus la même chose...

MARCEL. — Je désire vivement que vous vous expliquiez. Je ne vous comprends pas du tout...

JACQUELINE. — Vous savez, dans la famille, il y a deux côtés : le côté des Langrevin et le côté de papa... Quand vous étiez tout seul, ce n'était pas pareil... Maintenant que vous êtes rentré...

MARCEL, *avec un peu d'impatience.* — Oh! mais je ne peux pas vous suivre... Je ne vois qu'une chose, c'est que nous travaillons très bien tous les deux et que vous allez vous en aller.

JACQUELINE. — Mais je ne vous quitterai pas tout de suite... Si nous collationnions...

MARCEL. — Non, je verrai ça ce soir.

JACQUELINE. — Je vais rentrer à la maison...

MARCEL. — Non. Vous n'avez plus rien à finir?

JACQUELINE. — Non...

MARCEL. — Eh bien, faites le dernier rapport...

JACQUELINE. — Je n'ai pas les chiffres.

MARCEL. — Eh bien, faites-moi un projet avec des blancs; on mettra les chiffres après... Nous savons à peu près le nombre de lignes que nous devons laisser en blanc...

JACQUELINE. — Bien... Je vais retourner par là...

MARCEL. — Ecoutez un peu... *(Jacqueline s'arrête à la porte.)* Je ne comprends rien à votre histoire... *(Brusquement.)* Allez travailler... *(Il reste en scène, il est songeur. Paraît Cécile.)* Tiens, Cécile...

CÉCILE. — C'est tout ce que tu me dis? *(Marcel s'approche d'elle et l'embrasse.)* J'ai su par Florentin ce qui s'est passé et je viens pour te voir, puisque je ne peux pas compter sur ta visite, mais je viens aussi te dire que Florentin a regretté de t'avoir parlé avec tant de brusquerie...

MARCEL. — Oh! ce n'est pas lui, c'est plutôt moi... qui lui ai parlé un peu rudement...

CÉCILE. — Je suis sûre que tu le regrettes aussi!

MARCEL. — Oui... oui...

CÉCILE. — Tu dis oui, oui... comme ça, mais dans le fond tu le regrettes profondément... j'ai d'ailleurs appris par des gens que tu étais dans de magnifiques affaires...

MARCEL. — Oh! de magnifiques affaires, je ne suis pas dans de magnifiques affaires...

CÉCILE. — Mais on me l'a pourtant dit...

MARCEL. — Enfin, mettons; je veux bien, moi, si ça te fait plaisir...

CÉCILE. — Oh! ce que tu es méchant! Tu dois bien penser que ça nous fait plaisir de savoir que tes affaires marchent... Je vais même te donner un détail pour te montrer combien Florentin s'intéresse à toi. Sais-tu de quoi nous avons parlé ensemble en rentrant hier soir?... d'un mariage... un mariage superbe : la fille d'un magistrat qui aime beaucoup Florentin et qui possède en Périgord tout un canton.

MARCEL. — Ah! c'est bien, ça!

CÉCILE. — Ne dis pas encore oui sans avoir vu la jeune fille...

MARCEL. — Sois tranquille, je ne me prononcerai qu'après avoir vu la jeune fille et le canton du Périgord...

LANGREVIN, *entrant, à Cécile.* — Ah! te voilà...

CÉCILE. — Oui.

MARCEL. — Oui, Cécile est venue m'annoncer mon mariage...

LANGREVIN. — Comment cela?

CÉCILE. — Un mariage superbe que je lui proposais, avec la fille d'un magistrat du Périgord...

MARCEL. — Seulement, voilà, je n'ai pas dit que j'étais engagé...

CÉCILE. — Tu es engagé?...

MARCEL. — Oui, je suis engagé avec quelqu'un qui ne possède rien dans le Périgord...

CÉCILE. — On ne sait jamais comment prendre ce qu'il dit, ce garçon-là! Quelquefois on croit qu'il parle sérieusement, et il plaisante...

MARCEL, *songeur.* — Mais moi, je ne le sais pas non plus... Quelquefois, quand je plaisante, je parle sérieusement...

CÉCILE. — Papa, je voudrais bien aller dans ta chambre pour que tu me donnes les vieilles étoffes de maman... tu sais, que tu as retrouvées pour moi...

LANGREVIN. — Oui, oui... viens avec moi... tout de suite... Chaque fois que tu viens, tu me les réclames. Au moins, comme ça, tu ne me les demanderas plus...

CÉCILE. — Oh! il n'est pas de bonne humeur, aujourd'hui...

MARCEL. — Ce n'est pas un mauvais homme, au fond... *(Sortent Cécile et Langrevin, au moment où entre Achille par la porte du fond. A Achille.)* Qu'est-ce que c'est?

ACHILLE. — Ecoute, il se passe quelque chose... de très grave! Tu sais que j'avais fait quelques petites remarques pour ma petite Jacqueline... J'étais un peu tourmenté, je la voyais un peu comme ci comme ça... Je me disais : « Qu'est-ce qu'elle peut avoir, cette petite? » Moi, tu sais, tu connais mon caractère... il faut que je me rende compte des choses. Elle avait refusé cet agent voyer. Elle m'a dit que c'était pour se consacrer à son art. J'ai commencé à admettre cette explication... et puis, je me suis dit : « Tiens, elle y tient tant que cela à son art? » Comme j'étais dans sa chambre pendant son absence en train de chercher une clef qui s'était égarée, je trouve sur sa table des feuilles de machine à écrire... Tu sais que tu lui as donné une machine à écrire pour qu'elle travaille chez nous quand elle aurait du travail en retard... Je l'entendais bien tapoter le soir... Je regarde ces feuilles, il y avait ton nom, répété plus de vingt fois, trente fois... Je me suis dit : « Voyons, voyons, est-ce que cette petite se serait mis des idées en tête? » Tu comprends, je suis un honnête homme... Je viens te prévenir... Tu sais, je ne veux pas que tu croies, toi qui as été si généreux, si bon pour nous, qu'il y a dans notre tête une arrière-pensée... c'est trop loin de nous et ce serait fou si nous y songions...

MARCEL. — Où veux-tu en venir?...

ACHILLE. — Il faut absolument qu'on décide cette petite à se marier... qu'elle ne reste plus ici... Tu es un garçon très sérieux, je le sais, mais si elle a quelque chose dans la tête, il vaut mieux qu'elle ne reste pas ici...

MARCEL. — Je vais lui parler...

ACHILLE. — Comment, tu vas lui parler?

MARCEL. — Oui... elle est là... Ecoute, va donc te promener un peu dans la maison... Que veux-tu? il n'y a pas à hésiter... ni à tergiverser... Une fois qu'on a quelque chose de grave, on en parle... *(Achille sort. Marcel ouvre la porte par où est sortie Jacqueline. Appelant.)* Jacqueline! *(Entre Jacqueline.)* Jacqueline, vous me connaissez et vous avez travaillé avec moi depuis pas mal de temps déjà; vous savez qui je suis... Vous m'avez dit tout à l'heure que vous vouliez épouser ce garçon qui est agent voyer... Vous ne tenez pas absolument à cet agent voyer?... Vous n'êtes pas pressée de l'épouser, somme toute?...

JACQUELINE. — Non, je ne suis pas pressée de l'épouser... je vous ai dit mes raisons...

MARCEL. — Je tenais d'abord à ce que ce point soit établi... parce que, moi, j'ai à vous faire une proposition qui sera peut-être plus conforme à vos projets...

JACQUELINE. — Qu'est-ce que c'est?

MARCEL, *après l'avoir regardée longuement.* — C'est d'épouser quelqu'un d'autre... qui serait... moi, par exemple?

JACQUELINE. — Quoi, moi?

MARCEL. — Mais, naturellement, vous... Je ne songeais pas à me marier, tout à coup on vient me proposer un parti... J'ai envisagé cette idée de prendre une femme, je me suis dit : « Quelle est la femme qui me plairait le mieux? » De réflexion en réflexion, ça n'a pas été long... Je me suis dit : « Je vais demander à Jacqueline si elle veut être ma femme... »

JACQUELINE. — Marcel!

MARCEL. — Ma petite Jacqueline, on s'attendrira quand on sera plus tranquilles et qu'on n'aura pas tous ces gens autour de soi... On peut entrer d'un moment à l'autre... Moi, je ne suis pas du tout un type qui ne s'attendrit pas... ah! non! Mais, voyez-vous, Jacqueline, la plus grande joie que vous pourriez me faire, ce serait de ne pas hésiter, de m'estimer assez pour penser que ma proposition est grave, que mon idée est plus sérieuse qu'elle n'en a l'air, parce qu'elle mûrissait en moi depuis quelque temps sans que je m'en doute. Alors, ayez assez de confiance pour vous dire que je ne vous parle pas à la légère, et puis mettez simplement votre main dans ma main en me disant : « C'est entendu. » Est-ce que c'est entendu? *(Elle met sa main dans celle de Marcel et essaie de lui dire : « C'est entendu », mais elle se met à pleurer. Marcel lui enlève la main de la figure et la lui embrasse. Puis, après avoir sorti son calepin de sa poche qu'il consulte.)* Voilà... voilà... Nous sommes le 5 avril. Il faut que le 6 mai nous soyons en Espagne... Eh bien, il vaudrait bien mieux s'en aller là-bas comme mari et femme... Le mariage se fera le 22 avril, c'est un jeudi. Ça va?...

JACQUELINE *incline la tête.* — Vous êtes le patron...

Entrent Cécile et Langrevin.

LANGREVIN. — Tiens, Cécile, viens que je te présente une petite-cousine... à toi.

MARCEL. — Non, non...

LANGREVIN. — Quoi, non, non?...

MARCEL. — Pas une petite-cousine, une belle-sœur.

LANGREVIN. — Comment, une belle-sœur?

MARCEL. — Je t'avais dit, n'est-ce pas, que j'étais engagé?...

LANGREVIN. — Et c'était...

MARCEL. — Et c'était avec Jacqueline... Papa, n'est-ce pas, tu ne vas pas faire d'objections?

LANGREVIN. — Oh ! je ne te fais pas d'objections maintenant...

Entre Achille.

MARCEL, *à Achille.* — Je sais que tu es très pris par tes affaires... qu'est-ce que tu as à faire le 22 avril?

ACHILLE. — Je crois que je n'ai rien à faire ce jour-là.

MARCEL. — Eh bien, trouve-toi donc le 22 avril à la mairie du VIIIe. Oui, je viens d'avoir une conversation avec ta fille, elle se mariera ce jour-là... mais pas avec l'agent voyer...

ACHILLE. — Avec qui?...

MARCEL. — Avec moi.

ACHILLE, *à Langrevin.* — Avec Marcel?

LANGREVIN. — Oui, oui. Que veux-tu... ils sont jeunes... il faut les laisser faire ce qu'ils veulent.

Achille, face au public, pleure silencieusement.

MARCEL, *à Langrevin, à mi-voix.* — Je n'aime pas beaucoup Achille dans l'attendrissement.

ACHILLE, *toujours larmoyant.* — Bonjour, Cécile.

CÉCILE. — Bonjour, Achille.

ACHILLE, *à Marcel, à mi-voix.* — Ça n'a pas l'air d'enchanter ta sœur, l'idée de ton mariage...

MARCEL. — Elle s'y fera. Je me suis bien fait au sien, à elle.

ACHILLE. — Il faut que j'envoie un télégramme à Hortense.

MARCEL. — Hortense?

ACHILLE. — Oui, ma femme, ta future belle-mère.

MARCEL. — Ah! oui.

ACHILLE. — Elle s'arrangera pour venir à Paris le plus tôt possible.

MARCEL, *résigné.* — Evidemment... Ecoute, Achille, dis-lui qu'elle ne se presse pas trop, car Jacqueline et moi nous avons beaucoup à travailler ces temps-ci. Que ta femme vienne cinq ou six jours avant le mariage, enfin, trois ou quatre jours...

ACHILLE. — Tu sais, je suis un peu inquiet... N'as-tu pas obéi à un sentiment trop rapide?... Si vous alliez être malheureux!...

MARCEL. — Nous n'aurons pas le temps.

Il prend Jacqueline dans ses bras.

RIDEAU

Langrevin père et fils au théâtre des Nouveautés.

M. Tristan Bernard semble, en ce moment, prodiguer ses comédies. Peut-être la virtuosité de métier qu'il a acquise lui en rend-elle l'écriture plus facile. Mais cette facilité n'est point de la négligence ou de l'à peu près hâtif. La nonchalance proverbiale de l'auteur n'est qu'un trompe-l'œil. Elle recouvre un scrupule du fond et de la forme dont sont souvent dépourvues des pièces qui trahissent plus visiblement l'effort. Par contre, la manière de M. Tristan Bernard a évolué. Il conserve le même humour, le même don heureux des mots spirituels dont il émaille son dialogue, la même saveur dans la peinture de types pittoresques empruntés à la vie courante, où nous ne les avions point remarqués avant qu'il ne nous les découvrît. Mais il borne volontairement là la recherche d'originalité. Dans le choix des sujets, il marque aujourd'hui une prédilection un peu paradoxale pour ceux qui, en d'autres mains, tomberaient aussitôt dans le poncif traditionnel. *Langrevin père et fils* nous en offre un significatif exemple. Cette histoire d'un fils prodigue relève de la comédie bourgeoise, sentimentale et « larmoyante » telle que le dix-huitième siècle l'affectionnait et l'a léguée aux âges suivants. Ce genre romanesque, aggravé de tous les artifices du théâtre, s'écarte, en soi, aussi loin que possible de la vérité. Et, pourtant, M. Tristan Bernard lui fait rendre un son neuf et vrai. C'est le secret de son art. Il y parvient par la justesse constante de son observation, par l'exactitude de la psychologie dont il ne se départit jamais, même quand il agence de pures situations de théâtre. Le jeu est subtil. Il pourrait être dangereux sans la maîtrise de celui qui l'exécute. Nous prenons précisément notre plaisir délicat à cette maestria.

***

C'est, en somme, ce que la plupart des critiques ont relevé en rendant compte de *Langrevin père et fils* et la raison de leur sympathie pour la pièce. Ils y ajoutent des remarques personnelles dont le sens varie, mais qui, les unes et les autres, enrichissent l'impression que nous avons pu avoir comme spectateurs ou lecteurs.

M. Etienne Rey, par exemple, écrit dans *Comœdia* :

« Vif succès pour la nouvelle pièce de M. Tristan Bernard qui, à ses propres mérites, joint celui d'une excellente interprétation.

» M. Tristan Bernard devient, d'année en année, plus jeune. Sa philosophie nonchalante et son expérience ironique et désabusée de la vie et des êtres se colorent maintenant d'une tendresse, d'une émotion à peine indiquées, mais très sensibles et qui donnent un aspect plus humain, plus vrai à son talent. Et il y a, dans sa pièce, un accent juvénile qui est charmant. Il se met d'ailleurs du côté des jeunes, il prend leur parti contre les pères bougons et autoritaires... S'il n'allait jusqu'à faire sauver les vieux par les jeunes, on pourrait croire qu'il est un « moins de trente ans ».

M. Antoine, dans *l'Information* :

« La nouvelle pièce de M. Tristan Bernard vient de remporter un beau succès au théâtre des Nouveautés. Elle a confirmé l'impression que je commençais à ressentir depuis quelques mois qu'un courant nouveau semble traverser notre théâtre comique, depuis longtemps appuyé sur la satire et l'ironie ; dans la plupart des œuvres le plus goûtées de cette saison, on constate un retour vers plus de sensibilité et de philosophique indulgence ; il semble que l'ère « topazienne », si j'ose dire, c'est-à-dire l'observation féroce et impitoyable, touche à sa fin. Et voici que Tristan Bernard lui-même dans *Langrevin père et fils*, après deux actes d'une fantaisie extrêmement amusante, n'a pas craint, dans les deux derniers, de traiter l'une des situations les plus traditionnelles de notre théâtre, ce retour du fils repentant et l'attendrissante réconciliation avec son père. Par ces deux personnages, et bien que l'ambiance de la comédie reste marquée de la verve de l'auteur, il est bien difficile de ne pas songer au vieux Sedaine et à son *Philosophe sans le savoir* avec la scène où le bon fils revient au bercail apportant à son père le salut pour le présent et la quiétude pour l'avenir. Et la pièce s'achèvera dans la note de nos plus douces et charmantes comédies du répertoire de l'ancien Gymnase, au reste pour la plus grande satisfaction du public, qui a chaleureusement applaudi. »

Dans *le Journal*, M. G. de Pawlowski fait ces remarques ingénieuses :

« La pire rosserie, pour un critique dramatique, serait souvent de raconter simplement, sans rien ajouter de son cru, la pièce qu'il lui faut analyser, mais à condition, évidemment, que le lecteur ait suffisamment l'habitude du théâtre pour comprendre l'ironie d'un tel procédé. Il en va de même pour l'auteur dramatique qui est, en somme, le grand critique de la vie. Le comble de l'art, au point de vue comique, consiste pour lui à rapporter les choses qu'il voit sans exagération, sans déformation, en choisissant avec habileté les dominantes, les situations et les caractères. Tristan Bernard, avec les années, est parvenu à ce point de perfection ; il n'a plus recours aux grossissements démonstratifs de l'humour et de la satire : il sait qu'il n'y a qu'à choisir dans la réalité pour dégager le comique formidable de l'existence quotidienne.

» La nouvelle pièce de Tristan Bernard, par sa volonté de simplicité, d'honnêteté et de clarté, semblera, pour la plupart de nos contemporains, célébrer dignement le centenaire du romantisme. Dégagée de tout événement sensationnel, cruel ou faisandé à la mode d'aujourd'hui, sa morale indulgente et attendrie leur rappellera bien souvent celle des images d'Epinal ou des contes à l'usage des *Veillées des chaumières*. Pour un peu, les personnages pourraient se nommer M. Dorfeuille, M. Dorval, Raoul ou Valentine, et la pièce porter pour sous-titre : *Mauvaise tête et bon cœur*. Mais que d'observation fine et pénétrante dans la peinture des personnages, quelle tendresse indulgente et résolument optimiste dans l'analyse des caractères ! Pour un peu, on serait tenté de dire, en reprenant un des mots les plus charmants de la pièce, que c'est là l'ouvrage d'un homme qui a réussi et qui voudrait que le monde entier soit heureux avec lui. »

M. Pierre Veber dit, dans *le Petit Journal* :

« Tristan Bernard est certainement le plus grand auteur comique de ce temps ; ses comédies malicieuses, curieusement fouillées, valent par une humanité souriante et cruelle. Ses personnages, choisis parmi les figurants de la société moyenne, disent ce que diraient les spectateurs à leur place. Son théâtre est la plus pure expression du vérisme à la scène. Sa nouvelle œuvre, *Langrevin père et fils*, n'eût pas été déplacée à la Comédie-Française ; elle y finira peut-être ses jours...

» Cette tragi-comédie bourgeoise est infiniment agréable ; elle est à la fois simple dans sa ligne générale et compliquée dans le détail ; comme construction, c'est tout à fait original et presque déconcertant. Je crois bien que Tristan Bernard a trouvé la formule inédite de la pièce bourgeoise. *Langrevin père et fils* restera le modèle du genre : un mélange de satire malicieuse et de sentimentalité vraie, le tout noyé dans une bonhomie délicieuse. »

M. Charles Méré, dans *Excelsior* :

« Quelle jolie comédie, si vraie et si romanesque tout ensemble, si nuancée et si amusante ! Nous y retrouvons tout l'humour et toute la sensibilité de Tristan Bernard... »

M. Fortunat Strowski, dans *Paris-Midi* :

« Il y a, dans la tradition française, toute une série de scènes et d'images assurées de nous enchanter et de nous toucher : le fils prodigue revenant pour sauver son père ; le beau cousin épousant la cousinette Cendrillon ; le faux ami dévoilé ; le vaniteux qui fait le malin remis à la raison et Gribouille traité comme un seigneur. Mais ces scènes, si elles ne sont que sentimentales, sont ou niaises ou déclamatoires. Elles doivent être traitées avec un esprit avisé et aigu, elles doivent s'envelopper de bienveillance et de poésie pour atteindre leur but : bref, elles doivent être reprises par un Tristan Bernard. »

M. Paul Ginisty, dans *le Petit Parisien* :

« Il y a du bon et même du très bon Tristan Bernard dans cette petite histoire fort agréablement contée. Ce n'est pas un bien grand sujet, mais M. Tristan Bernard, pour le traiter, a, comme on dit, la « manière » : un mélange bien dosé d'humour et de sensibilité. »

M. Lucien Dubech, dans *Candide* :

« Tout cela est combiné avec une telle malice, les cordes de l'ironie et de l'émotion sont pincées tour à tour d'un doigt si malin sous l'air de nonchalance que le public a été ravi, que le succès a été grand et sera vraisemblablement très long, d'autant que la pièce est jouée avec un bonheur singulier. »

M. Edmond Sée, dans *l'Œuvre* :

« Toute la seconde partie de l'ouvrage peut vous paraître un peu arbitrairement facile ; et, certes, l'optimisme (un optimisme de théâtre) règne ici en maître souverain. Mais Tristan Bernard met tant de grâce, d'entrain, de fine et ironique malice à nous convaincre de la « plausibilité » de cette féerie bourgeoise qu'on le suit sans discuter. Et la vérité, l'humanité, la plus juste et pénétrante observation reprennent ici et là leurs avantages, surtout lorsque le cousin Achille (ah ! le merveilleux, le savoureux, le complet personnage !) intervient, se mêle à l'action, la domine de toute son épique et « falote » ampleur naturelle !... Un personnage comme celui-là, nous ne l'oublierons plus : il a conquis, au théâtre, droit de cité et de durée. »

M. Gérard Bauer, dans *les Annales* :

« Ce conte est mené de bout en bout par M. Tristan Bernard avec beaucoup de dextérité et de bonhomie. Il est à son aise pour manœuvrer ses personnages, régler leurs sorties, leurs interventions et leurs sentiments. Le jeu lui plaît comme un mécanisme dont il est le maître, dont il noue les jointures savamment et dont chaque partie est indispensable à l'équilibre de la pièce. Cette maîtrise exclut un peu l'imprévu et les inventions spontanées qui sont à une œuvre d'art ce que le hasard est à une carrière ordonnée. Mais il demeure, pour nous restituer la saveur de la vie, l'observation humaine de l'auteur et quelques-uns des traits qui sont la marque de son talent. »

M. Lucien Descaves, dans *l'Intransigeant* :

« Tristan Bernard a prononcé, je crois bien, le plus bel et le plus juste éloge de sa comédie nouvelle en disant qu'elle s'inspirait de Sedaine, auteur du *Philosophe sans le savoir*. C'est vrai, à ceci près que Tristan Bernard sait fort bien qu'il est de tous les philosophes d'aujourd'hui celui qui jouit du plus large crédit parce qu'il enseigne en souriant. On ne s'ennuie jamais avec lui, comme on fait avec la plupart des autres. »

M. Franc-Nohain, dans *l'Echo de Paris* :

« Une comédie délicieuse dont on saluera avec joie la complète réussite, car elle échappe à cette sorte d'amoralité nonchalante, charme dangereux de bien des pièces de M. Tristan Bernard : ici le charme persiste et il n'y a plus le danger...

» La merveille du théâtre de M. Tristan Bernard, c'est de nous donner tout de suite l'atmosphère de la vie même ; le rideau se lève, et, au bout de cinq minutes, les gens qui sont là, nous les connaissons, c'est à eux que nous nous intéressons plus encore qu'à leur aventure. »

M. Paul Lombard, dans *l'Homme libre* :

« L'observation, juste d'ailleurs, c'est la grâce même de ce spectacle. C'est en quoi excelle l'auteur qui sait toujours trouver le terme précis, l'exacte tournure de phrase. Ainsi ces quatre actes, dont le charme réside beaucoup dans l'absence de prétention, se haussent-ils avec une aisance merveilleuse au ton de la grande comédie. Grand succès : ce qui ne surprendra personne. »

M. Maurice Martin de Gard, dans *les Nouvelles littéraires* :

« M. Tristan Bernard est un auteur dramatique comme on n'en rencontre plus beaucoup : il considère que le théâtre doit être un divertissement agréable. Aussi, il a donné à sa dernière pièce une conclusion résolument optimiste que la vie, du reste, ne démentirait pas. Ajoutez à cela qu'elle est morale, que les bons y sont récompensés, les méchants punis ou du moins ridiculisés. Les bons, c'est-à-dire ceux qui ont le cœur bien fait, du courage, de la fantaisie. Les méchants, ceux qui sont cruels, égoïstes, ambitieux de la pire façon. Cela nous change un peu de ce que nous voyons depuis quelque temps sur nos scènes. *Langrevin père et fils* est une tragédie professionnelle et familiale comme en rêvait Diderot, mais t... ...rsée ici par un sourire lucide, indulgent, paresseux qui n'éclaira jamais son théâtre. »

M. Henry Torrès, dans *Gringoire* :

« La nouvelle pièce de M. Tristan Bernard ajoute encore à l'affectueuse admiration que lui dédient ses cadets. La souveraineté que l'auteur de *Triplepatte* exerçait, aux frontières du vaudeville, sur les comédies légères s'étend maintenant, aux confins du drame, sur les comédies de mœurs.

» *Langrevin père et fils* n'emprunte rien à cet esprit mousseux dont *le Petit Café* ou *un Négociant de Besançon* étaient prodigues. C'est une histoire de famille contée sans art apparent, avec un naturel, une simplicité et une aisance dans la reconstitution de l'atmosphère intime qui tiennent d'autant plus du prodige ou du tour de force que l'affabulation est délibérément conventionnelle, au point d'aboutir à un mariage de film américain. De la première à la dernière réplique, toute la pièce est animée par le don miraculeux de la vie, non pas de la vie éclatante qui porte au-dessus d'eux-mêmes ou au-dessous, dans l'enthousiasme des passions ou le déchaînement des instincts, des héros exceptionnels, mais de la vie banale et normale de personnages soumis au droit commun des compromis quotidiens. »

***

L'interprétation de *Langrevin père et fils*, au théâtre des Nouveautés, n'a pas été goûtée moins que la pièce elle-même. On peut emprunter à M. Nozière, de *l'Avenir*, les lignes suivantes qui rendent à chacun son dû :

« Il faut féliciter avant tout le monde Mlle Dehelly qui tient le rôle d'Hortense, la femme d'Achille. Elle ne nous présente pas une caricature, mais une étude d'un comique prodigieux, d'une vérité saisissante. Près d'elle, Mlle Berty — tante Claire — joue avec une finesse délicate. M. Carette — Achille — est amusant et son succès est grand. M. Tréville — Marcel — est léger, puéril, tendre et il fait preuve de la plus touchante sensibilité dans la scène qui le réunit à son père. Joffre joue le rôle du père. C'est un de ses meilleurs rôles. Il donne une belle allure à ce grand bourgeois ; il nous fait sentir que le personnage est un peu trop fier de son succès, trop sûr de sa force qui n'est qu'apparente. Il marque avec talent — en se gardant de la *sensiblerie* — la tristesse résignée de la déchéance. Il est ému, bouleversé de joie, en gardant de la simplicité. M. Champell tient avec une dignité amusante et qui ne tombe pas dans le burlesque le rôle du gendre substitut. M. Jacques Baumer, qui a dirigé les études, a obtenu une interprétation très juste, très nuancée. »

ROBERT DE BEAUPLAN.

Marcel. Jacqueline. Langrevin.

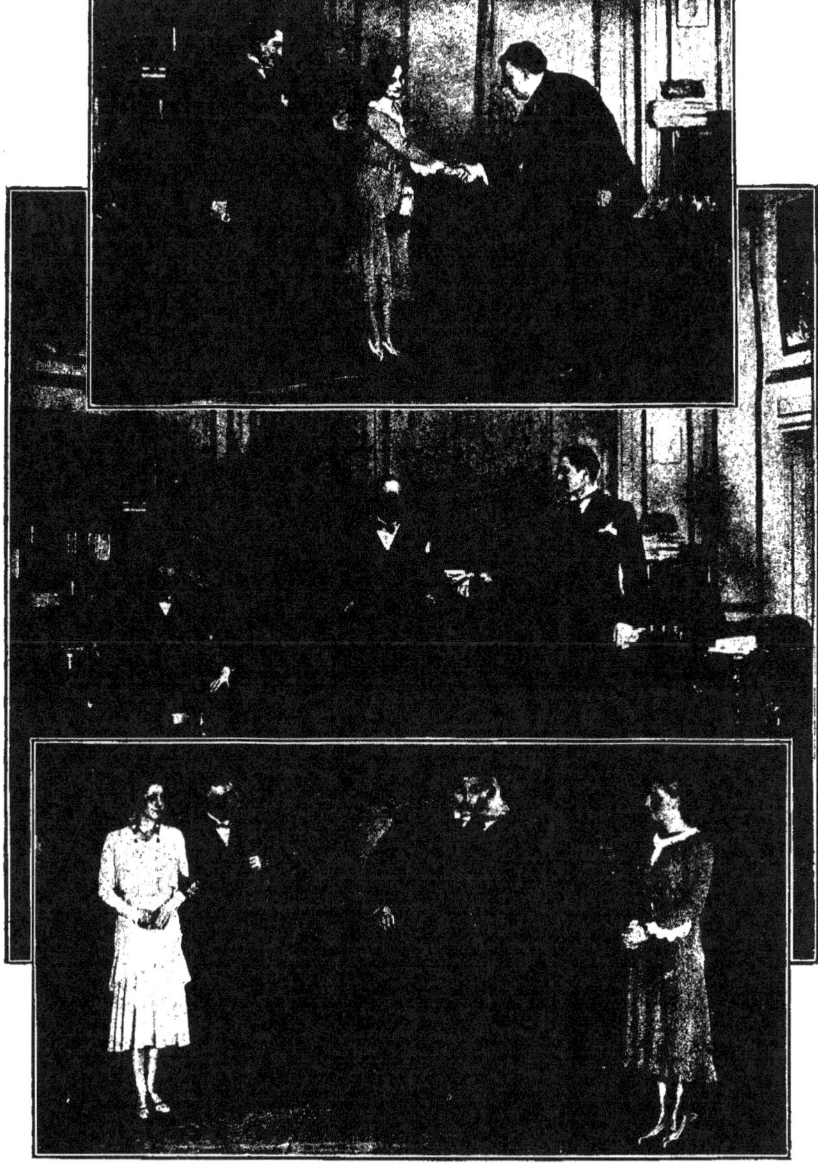

Claire. Langrevin. Marcel. Achille. Jacqueline.

En haut, Marcel : « *C'est ta cousine... en effet... la fille d'Achille.* » — ACTE V, page 27.

Au milieu, Marcel : « *Monsieur Peck-Wizard, voilà les 30.000 francs que vous avez prêtés à papa.* » — ACTE V, page 28.

En bas, Marcel, à mi-voix : « *Je n'aime pas beaucoup Achille dans l'attendrissement.* » — ACTE V, page 30.

Photographies G.-L. Manuel frères.

Le Directeur : RENÉ BASCHET. — Imp. de *L'Illustration*, 13, rue Saint-Georges, Paris-9e (France). — L'Imprimeur-Gérant : TH. HUCK.

www.ingramcontent.com/pod-product-compliance
Lightning Source LLC
LaVergne TN
LVHW021637170726
843501LV00007B/2277

* 9 7 8 2 3 2 9 6 4 8 6 1 3 *